DAS BUCH

Die zweite Reise durch das Land der Bekloppten und Bescheuerten führte mich wieder ins Auge des Orkans. Griechische Schwartenköhler versuchten mich zu vergiften, harmlose Nachbarn kamen hackebreit vom Brunchen und vernünftige Menschen wie du und ich luden mich zu ihrer Hochzeit ein. Es war dieses furchtbare Jahr, in dem ich all das niederschrieb, als auch Modern Talking ihr Comeback inszenierten und damit die Zivilisation um ein Jahrtausend zurückwarfen. Der Baumarkt, ein Wechselbalg, das der Pferdefüßige einst mit dem Bauhaus zeugte, überraschte mich in diesem Jahr mit dem »Sichtschutzelement«, Rentner wurden von einer geheim operierenden Kleiderkammer am Ende des Jahrtausends komplett mit Sympathex-Klamotten ausgestattet. Lieber Leser, es war eine grausame Expedition in die Niederungen unserer bundesrepublikanischen Wirklichkeit. Und Du, der Du alles noch vor Dir hast, tust mir jetzt schon leid. Deshalb habe ich am Ende des Buches einen kleinen Leitfaden zum Glücklichsein angeheftet. Ich hoffe, er bringt Dich wieder auf die Beine. Kopf hoch und durch!

DER AUTOR

Dietmar Wischmeyer, geboren 1957 in Oberholsten/Whgb., studierte Philosophie und Literaturwissenschaft. Seit 1988 arbeitet er als Comedy-Autor für zahlreiche Radiosender, war Mitbegründer der legendären Kultsendung FRÜHSTYXRADIO, veröffentlichte über 20 CDs und bespielte mit seinen Comedyfiguren und -programmen Bühnen von Berlin bis München. Bekannt wurden vor allem »Der Kleine Tierfreund«, »Willi Deutschmann«, »Frieda & Anneliese« (zusammen mit Sabine Bulthaup) und »Die Arschkrampen« (zusammen mit Oliver Kalkofe). Wischmeyer lebt als freier Traktorist am Fuße der Rehburger Berge.
In unserem Hause sind von Dietmar Wischmeyer außerdem erschienen: *Eine Reise durch das Land der Bekloppten und Bescheuerten*, *Das Paradies der Bekloppten und Bescheuerten* und *Das Schwarzbuch der Bekloppten und Bescheuerten*.

Dietmar Wischmeyers Logbuch

Zweite Reise durch das Land der Bekloppten und Bescheuerten

Ullstein

HERR SCHLUSCHE

INHALT

WIE HEISSEN DIESE RECHTECKIGEN DINGER NOCHMAL

Bücher

Wischmeyer hat ein Buch geschrieben. Na toll, na großartig. Jeder Blödmann schreibt heutzutage ein Buch und wedelt damit in den Talkshows herum. In ungeheurer Mißachtung des schreibenden Handwerks entweihen Hans und Franz weißes Papier. Hannelore Kohl plaudert aus der Schweineküche ihres Mastgatten, Hera Lind frickelt Trostlektüre für durchgenudelte Hausfrauen zusammen. Je weniger Ahnung einer vom Schreiben hat, desto eher faulen seine Gedanken im Hardcover-Sarg eines Bestsellers. Politiker, abgelegte Gattinnen, Kidnapper, bekennende Hamstersodomiten – sie alle überfallen uns turnusmäßig mit ihrer debilen Prosa. Wer liest den Müll? Niemand natürlich! Der stille Kompagnon des Schreibamateurs ist der Anlaß. Unter »Anlaß« versteht man im Deutschen eine Gelegenheit, bei der ein Geschenk überreicht werden muß: Geburtstage, Jubiläen oder nur so. Droht ein Anlaß im Kalender näherzurücken, schwärmt der Schenkungsverpflichtete in die örtliche Fußgängerzone und rudert mit stierem Blick durch die Kaufhäuser. Noch 'ne Vase? Ein elektrischer Nasenhaarentferner? Die Wurzelbürste fürs räudige Genital? So recht will nichts passen. Da erinnert sich der Verzweifelte an seine Zeit auf der Mittelschule. Da gab es doch immer diese schweren rechteckigen Dinger, wie hießen die doch noch gleich, richtig »Becher«, nein »Bücher«. Gedacht, getan schreitet der Erwerbssinnige in das dafür vorgesehene Ladengeschäft. Doch, o Graus, was springt ihm da in die Augen. Abertausende dieser rechteckigen Teile, eins unerforschlicher als das andere. Da kommt ihm der Zufall zur Hilfe: In perfider Kenntnis des eingeschränkten Horizontes seiner Kunden hat der Buchhändler in der Mitte seines Ladens ein Tischchen gedeckt. Darauf liegen all die Bücher, auf deren Titel die Fratze eines TV-Helden prangt. Ulrich Wickert verbreitet sich über seine Fettlebe als ARD-Frontschwein, Alfred Biolek köchelt Hammelklöten, diverse Politrentner denken wieder mal über Deutschland nach – leider öffentlich. Doch dem Erwerbswilligen ist gedient, erleichtert greift er zur Schwarte mit der bekannten Fresse und vollzieht den Kaufakt an der Kasse. Alsdann wandert das Buch via Anlaß ins Regal des Geschenknehmers, um dort unaufgeschlagen dem jüngsten Tag entgegenzumodern. Denn als einziges Relikt einer archaischen Ehrfurcht vor dem Gedruckten darf man Bücher nicht einfach in den Mülleimer werfen, nicht mal gelesene. So biegen sich die funierten Spanplatten im Wohnzimmer unter jahrzehntelanger Last ungeernteter Lesefrüchte: Heribert Faßbenders Schwarte über die Olympischen Spiele 1936 steht neben der Reparaturanleitung für den R4 und der ewig aktuellen Berufsentscheidungshilfe »Horst will Förster werden« aus dem Göttinger Jugendbuchverlag. Nichts wird weggeschmissen. Als sei es ein Voodoozauber, glaubt man, mit jedem weggeworfenen Buch stürbe der Autor ein Stück mit. – Ich aber erteile Ihnen Absolution, denn Sie haben mein Buch gekauft. Wenn Sie es gelesen haben, können Sie's meinetwegen sofort in den Müll schleudern.

Thomas Anders von Modern Talking. Werden ihn die weiblichen Fans nach der Imagekorrektur noch mögen?

GEJAULE AM JAHRTAUSENDENDE

Modern Talking

Gequirlte Scheiße heißt auf englisch Modern Talking. Um uns daran zu erinnern, haben die beiden Horrorbarden der 80er ihren alten Dreck noch mal durch den eigenen Mastdarm gejagt und uns die Ausscheidungsprodukte jetzt als, bruharhar, neue CD vorgelegt. Troubardix seinerzeit wurde noch gehörig vermöbelt für sein nerviges Gejaule, das blonde und das schwarze Arschgesicht hingegen stehen auf Platz Eins der Charts. Und alle schmierigen Huren der deutschen TV-Unterhaltung, Biolek, Gottschalk, Harald Schmidt und wie sie alle heißen, lecken ihnen die Rosette. Dieter Bohlen und Thomas Anders, die beiden genetischen Freilandexperimente der Musikindustrie, stehen für eine Form der akustischen Schleimabsonderung, die unseren Haß nicht verdient. Hier ist eher eine Art Volkstrauer angesagt, eine tief empfundene Trauer darüber, daß so was schon wieder möglich ist in unserem Land. Hatten wir nicht angefangen, schon wieder an das Gute zu glauben, als Modern Talking aus innerer Zerrissenheit vor Jahren den Schmalzbetrieb einstellten? Freuten wir uns nicht ein Loch in den Bauch, als wir in den Zeitungen lasen, Thomas Anders habe sich von seiner Nora getrennt und sei auch sonst finanziell und psychisch am Ende? Waren wir nicht glücklich wie die kleinen Kinder als Vagina Feldbusch Dieter Bohlen ausnahm wie eine Weihnachtsgans? Harharhar, dachten wir uns, das ist die gerechte Strafe für den Scheißdreck, den ihr zwei Schwachmaten auf CD gepreßt habt. Doch nun der Schock: Die

Achse Bohlen/Anders steht wieder und führt Krieg gegen alle Gerechten. Und die kleinen dummen Menschlein, die nicht wissen, daß die Erde keine Scheibe ist von Modern Talking, laufen in die Plattenläden und kaufen den klebrigen Firlefanz. Und die kleinen blöden Radiostationen, die jeden Respekt verloren haben vor allem, was uns einst heilig war, nudeln den Sequenzer-Dünnschiß rauf und runter. Wo soll das alles noch enden? Soviel ist klar: Es gibt keinen gerechten Gott mehr in dieser verkommenen Welt. – Oder vielleicht doch? Wenn man sich die neue CD des Schwiemel-Duos mal genau ansieht, fällt einem auf, wie angestrengt und verlogen sich die beiden Arschgeigen an jeder Seite angrinsen. Guckt man noch genauer hin, entdeckt man nirgends – nicht mal in einer winzigen Fußnote – den Namen »Thomas Anders«. Hihihi! Sollten sich die beiden Grinseköppe in Wahrheit womöglich hassen bis auf's Blut? Dann gibt es doch noch Hoffnung, und in nicht allzu ferner Zeit schneiden sie sich gegenseitig die Gurgel durch – jedenfalls so weit, bis keine Geräusche mehr rauskommen.

HERR SCHLUSCHE BESASS EINE KUGEL NAMENS ERNA. WENN ER SICH EINSAM FÜHLTE, BAND ER SIE SICH FÜR EINE HALBE STUNDE ANS FUSSGELENK.

HEIDEWITZKA IN WEISS

Skifahren

Wir alle müssen sterben – irgendwann. Eine Mordsschweinerei, wenn man's recht bedenkt. Den ein oder anderen trifft zudem weit vor der Zeit der Schlag, oder ein übles Virus bläst bei ihm die Lichter aus. Eine ärgerliche Sache. Doch dem Bekloppten reicht diese Todeschance nicht, nein, er reizt gerne Freund Hein bis auf's Blut: mit Badelatschen zum Pol, auf 'ner Luftmatratze nach Amerika, mit Schlittenhunden durch die Sahara. Damit nicht nur der exponierte Dia-Vortragskünstler sein bescheuertes Leben riskiert, hat der Herr das Skifahren erfunden – eine Art Volkssport zur Zerstörung der Bergregionen. Im Tausenderpack läßt sich das Gesindel mit dem Stahlseil auf den Gipfel ziehen, um droben den doofen Arsch mit Jagertee anzufluten. Somit »lustig drauf« geht's heidewitzka den Steilhang hinunter, am liebsten da, wo noch keiner vorher war. Im Tiefschnee orgelt das blöde Schwein zu Tal und tritt unterwegs die ein oder andere Lawine los. Auf diese Weise machen wir dann Bekanntschaft mit dem Pack: »Zwei Skifahrer von Lawine verschüttet« heißt es lapidar in den Nachrichten. Wunderbar denken wir: Der Berg weiß sich zu wehren und hat wenigstens zwei Idioten abserviert. Doch die Nachricht geht noch weiter: »Mit Hilfe von 35 Lawinenhunden und einem Rettungshubschrauber konnten beide nach 20 Stunden Suche lebend geborgen werden und befinden sich auf dem Weg der Besserung.« Ach, du Scheiße! Warum das denn? Wer ist denn auf diese Idee gekommen? Warum werden die Bekloppten aus dem kalten Grab ihrer selbst verschuldeten Unmündigkeit befreit – womöglich auch noch umsonst. Das ist doch 'ne Mordssauerei. Jedem unschuldig Erkrankten wird von den Erpresserkassen schon ein Obulus zur Behandlung abverlangt, aber Freund Brettlidiot darf Lawinen lostreten und wird auch noch umsonst gerettet. Schluß damit! Keiner sollte Skifahren dürfen, der nicht eine happige Versicherung abschließt für seine Unvernunft. Und wer nicht registriert ist, den läßt die Bergwacht bitteschön im Schnee stecken. Das menschliche Leben generell macht zwar einen wertvollen Eindruck, aber nicht jeder tote Doofmann kann auf unsere Anteilnahme rechnen. Wer weiß, vielleicht fällt es in den zukünftigen Zeiten der kompletten Organtransplantation den Bekloppten aus Daffke ein, vor Züge zu springen oder sich mit der Kettensäge die blöden Stelzen abzusäbeln. Ja, und wir dürfen die Fertigen dann wieder zusammenbauen. Nänänä, Freunde, Schluß mit lustig. Wer sein beknacktes Leben unbedingt an den Nagel hängen will, den soll man nicht aufhalten. Laßt die Doofen machen was sie wollen, aber wenn der Berg sie zu sich ruft, so soll der Mensch nicht scheiden, was ein Höherer beschlossen hat. Ski Heil – Ihr Kranken!

Fotomontage von Gelsenkirchen mit Kölner Dom.

NOCH WITZIGER ALS NOWOSIBIRSK

KÖLN

Man kann fast überall leben: In Düsseldorf, Cottbus, Braunschweig, sogar in München, aber in Köln, das geht gar nicht. Mann, ist es da scheiße. Die ganze Stadt ist eng und laut, es gibt entschieden zuviel häßliche Kirchen, und der Fluß sieht aus wie die Einfahrt zum Containerhafen Rotterdam. Mitten in die zugebaute Innenstadt drängelt sich ein Dom, arrangiert wie von unten durch 'ne Betonplatte geschossen – grauenhaft. Der Rest der Gegend ist City von der Stange: Schlecker, Grillrestaurant Athen, Karstadt, Joop und Aldimarkt. Nicht weiter schlimm, so sieht's halt überall aus im Land der Bekloppten und Bescheuerten. In Köln kommt aber erschwerend hinzu, daß der behämmerte Ureinwohner sein Debilenkaff tatsächlich für 'ne scharfe Metropole hält. Und genau das macht den Aufenthalt in der Mediendeponie am Rhein so unerträglich. Es ist nicht die 08/15 Stadt, es sind die blöden Leute. Ein unerträglich von sich selbst eingenommener Menschenschlag, vulgär, laut und zotig. Extra für diese Hominiden werden Primitivprodukte hergestellt, die es sonst – zum Glück – nirgends gibt: ein Bierersatz, der nach Pisse schmeckt, und eine Beklopptenmusik in Eingeborenensprache. BAP, De Höhner, Black Föös, Gabi Köster, Hella von Sinnen, RTL, Karneval und Kölsch: So stell' ich mir den Eingangsbereich der Hölle vor. Der Kölner hingegen nicht: Er hält das für normal. Was Wunder, er hat ja sein blödes Köln auch noch nie verlassen. Die höchste vorstellbare Form von Fremdheit und Exotik ist für ihn der Düsseldorfer.

Konrad Adenauer, immerhin eine Zeitlang Bundeskanzler, hielt Berlin schon für Rußland – mehr ging eben in die rheinische Runzelrübe nicht rein. Wie kein anderer Städter dieser Republik findet der Kölner nur gut, was aus Köln ist. Zugleich hält sich der Trampel aber für weltoffen und kontaktfreudig. Das sieht in etwa so aus, daß sich in einer Kölner Kaschemme wildfremde Blödiane zu dir an den Tisch setzen und mit ihrem vulgären Dialekt anspucken. Wenn du noch mehr Pech hast, kommt einer der vagabundierenden Urinkellner vorbei und stellt dir 'ne Stange schaler Jauche vor die Nase. Prost Mahlzeit. Diese Stadt überläßt man besser den Bekloppten, die's freiwillig dort aushalten. – Wenn man ihn allerdings ärgern will, den Kölner, dann erzählt man ihm, man finde alles Kölsche total klasse: die Doofenmucke von BAP, daß jeder schwul is', den Karneval – einfach alles, aber am besten fänd man das Altbier hier, das sei ja so was von schweinelecker und würde zu der Stadt passen wie Arsch auf Eimer. Spätestens dann darf man sich rühmen, einen Kölner als Feind zu haben.

„DU MUSST DICH ABER VERKLEIDEN", HATTEN DIE KOLLEGEN IHRER EINLADUNG ZUR KARNEVALSFEIER NOCH HINZUGEFÜGT. HERR SCHLUSCHE WAR SOLCHE ATTACKEN AUF SEINE IDENTITÄT GEWÖHNT UND PARIERTE SIE INZWISCHEN ROUTINEMÄSSIG.

FERNMÜNDLICHE GEISSEL DER FEIERABENDE

Lange Telefonate

Es gibt ein ungeschriebenes Gesetz im Land der Bekloppten und Bescheuerten: Absatz 1: Nach Feierabend darf kein Telefongespräch kürzer sein als eine halbe Stunde. Absatz 2: Ist der Anrufer eine sülzende Nervensäge und der Inhalt kompletter Mumpitz, gibt's noch 'ne halbe Stunde drauf. Absatz 3: Die Wahrscheinlichkeit fernmündlicher Belästigungen steigt im Vorfeld herausragender Fernsehereignisse. Typisches Szenario: ZDF 20.15 Uhr. In der 1000sten Derrick-Folge spielt der längst verstorbene Horst Tappert zum letzten Mal das Phantom des Fernsehkrimis. 19.55 Uhr klingeling, düdelüt macht das Fernsprechendgerät. Ein scheuer Blick auf den Chronometer: noch 20 Minuten, okay: geh ich noch mal ran. Frisch abgehoben und schon gereut: »Hei, hier is' der Michi, wollt nur mal hören, wie's dir so geht.« Das ist die Standarderöffnung eines langen Wegs der Leiden. Am Ende tigerst du mit klebriger Ohrmuschel durch die Wohnung, prügelst en passant auf unschuldige Möbel ein und hörst dir Michis spannende Erlebnisse vom Elternabend an: »Ach ja, noch was: unsere Sabrina kann schon alleine Häufi machen.« Es folgt eine detaillierte Beschreibung der frühkindlichen Stuhlformung während der verblichene Horst Tappert mittlerweile schon 10 Minuten durch die ZDF-Kulissen schleicht. Gierig versucht unser Auge die hündischen Sentenzen Fritz Weppers von dessen leiser gestellten Fernsehlippen abzulesen, während unser rechtes Ohr mit Sabrina-Kacke zugeschissen wird. »Ich meld' mich vielleicht später nochmal«, versuchen wir mit einer brutalen Hypothek auf die Zukunft wenigstens noch 20 Minuten Derrick zu retten. Aber Michi ist unerbittlich. Mit der geschickten Überleitung »Wo ich dich schon mal dran hab'« reißt er ein neues Thema an: staatliche Willkür beim Einzug der Fahrerlaubnis. Kurz gesagt, der jammernde Schwachmat hatte volltrunken einen Polizeihund überfahren und das vermeintliche Schwarzwild beim nächsten Revierförster abgeliefert. Vorhersehbare Folge: Lappen weg, tausend Punkte in Flensburg, Strafanzeige. »Das hat man davon, wenn man sich ordnungsgemäß verhält«, barmt der Bekloppte und giert nach tröstenden Worten. Aber zu mehr als einem halbherzigen »Ja, ja, diese Schweine« will es nach einstündigem Ferngespräch nicht mehr langen. Der wächserne Oberinspektor schleicht weiter durch Münchner Vorortvillen gefolgt vom hündischen Harry. Doch wie lange noch? Verbleiben doch lediglich magere drei Minuten Sendezeit, in denen dem deutschen Fernsehmythos die Lichter brechen können. Na ja, wenigstens läuft das Bild, während die Knallcharge an der Strippe unentwegt weitersülzt. Wer wird Derrick ermorden? Was für eine Beule ist das da unterm Trench vom hündischen Harry? »Du, kannste mal mit deinem Telefon 'nen Moment vor die Tür gehen«, schnappe ich einen Satzfetzen aus der Michisülze auf. Um nicht eingestehen zu müssen, daß ich während des Telefonats fernsehe, stürze ich zur Haustür eingedenk der verstreichenden Lebenszeit Stephan Derricks. »Hahahaha«, schallt es mir entgegen. Doch nicht aus der Hörermuschel, sondern aus der Wirklichkeit. In jener, genauer in deren Teil, der sich vor meiner Haustür befindet, hatte sich Michi die Gesprächszecke mit einem Handy am Ohr aufgebaut. Dachte, ich probier mal mein neues Spielzeug aus und komm mal auf 'ne Tasse Bier bei dir vorbei.« Derrick war unterdessen längst getötet. Wer war's? Der hündische Harry? Mir blieb nur die Vorfreude auf die 3Sat-Wiederholung in 20 Jahren. – Und die trostlose Aussicht auf eine Tasse Bier mit Michi. »Klingeling, düdelüt« macht das Fernsprechendgerät. Gott sei Dank, Rettung naht.

KEHRAUS IM KARNEVALLEY

Aschermittwoch

Sicherlich: der zweite Weltkrieg war kein Spaß, aber wären sechs Jahre Karneval lustiger gewesen? Am Aschermittwoch endlich kapituliert das Jeckenregime. Doch die Freude über den Sieg von Anstand und Vernunft währt nicht lange, denn insgeheim feilen die Bekloppten schon am nämlichen Abend an den schalen Scherzen des nächsten Jahres, pissen sich vor Lachen in den Schlüpfer, wenn sie nur daran denken, welch schweinelustigen Klopper sie im Jahr darauf zum Besten geben. Am Aschermittwoch aber wird erstmal Kehraus getrieben im Gröl- und Zotengürtel der Republik. Müllmänner fegen die toten Witze von den Straßen, zugekotzte Scherzfacharbeiter schleppen ihren Kadaver in die heimatliche Höhle. Warum ist es eigentlich noch nie jemandem eingefallen, während der tollen Tage das Rheinland zu überfallen und auszurauben. Kollege Saddam, die Mutter aller weltpolitischen Scherze, hätte da doch mal zupacken können, statt sich an den armen Kuwaitis zu vergreifen. Aber vielleicht wäre es auch mal an der Zeit, sich bei der UNO zu beschweren über den alljährlich praktizierten Aufmarsch der Großdeutschen Witzmacht an Rhein und Main. Seit Jahrzehnten bedrohen sie mit ihrem schlechten Geschmack und Benehmen das Abendland, und niemand schreitet ein. Das gründet natürlich im unentwirrbaren Filz aus Doofbacken-Humor und Politik. Wie wir alle wissen, befindet sich die derzeit noch real existierende Hauptstadtdarstellerin Bonn im Zentrum des kollektiven Wahns. Bleibt zu hoffen, daß beim

Umzug nach Berlin die Pappnase unterwegs verlorengeht und ewig Aschermittwoch ist an der Spree. Womöglich ist die komplette Unfähigkeit der Bonner Politik sogar ein direkter Abkömmling der dort vorherrschenden Durchgeknalltheit. Wer auch könnte schon im Irrenhaus eine vernünftige Steuerreform zusammenbasteln. Doch halt, es besteht ein Unterschied zwischen besagter Bematschtenherberge und dem Karnevalley Deutschlands. Wenn man im Irrenhaus besoffen auf den Tisch scheißt, gibt's 'ne Elektrode an die Rübe, in Köln oder Bonn heißt so was »lebenslustig«. Schön für euch, Hauptsache ich muß nicht eure Scheiße vom Tisch kratzen, aber dafür hat der Kölner ja am Aschermittwoch den Türken. Auch 'ne Art von Humor. Kölle Halali alle zusammen!

In wenigen Tagen wird auch dieses Heim in »Senioren-Residenz« umbenannt.

NORMOS IN SEMIPERMEABLEN SACHEN

Die Sympathex-Generation

Einmal pro Dekade wechselt der Normo sein komplettes Outfit. Dann zieht es ihn zu den Kleidungsstücken, die er vor wenigen Jahren am eigenen Sohn noch verteufelt hat. So geschehen bei den Blue Jeans und dem Bundeswehrparka. Erst da es sie als schäbige Repliken im Baumarkt zu kaufen gab, wurden sie gesellschaftsfähig. Da schlabberte die bollerige Kaufhausjeans am ausgemergelten Hängepöter, gerne ergänzt durch den allseits beliebten Edelparka, eine weicheiige Plastikversion der robusten Frontbekleidung. Die Krönung der Jeansperversionen am Normokörper war und ist aber die Bundfalten-Stretchjeans. Wer zum Beispiel jemals auf einer KFZ-Zulassungsstelle war, kann dieses ach so bequeme Anti-Erotikum an jedem zweiten Beamtenarsch bestaunen. Während sich die Jeans-Monstrositäten bis in unsere Tage hinübergerettet haben, ist der Pseudo-Parka zur Uniform des asozialen Mofafahrers verkommen. An seine Stelle trat die knallbunte Sympathex-Jacke mit der semipermeablen Regenschutzmembran. Vorreiter dieser aktuellen Geschmacksverirrung war vor Jahren schon der Lehrer, wie sollte es anders sein. Geschult an unzähligen Dia-Vorträgen über die Durchquerung des Amazonasbeckens auf einem Bein erwärmte er sich sehr schnell für die Überlebensplastikjacke – zumal sein Weg zur Lehranstalt nicht minderen Fährnissen ausgesetzt war. Die ersten User des Sympathex-Komplettkondoms waren allerdings ideologisch gestählte Radfahrer, die sich damit von der Masse der Freizeitradler abgrenzen wollten. Doch schon bald eroberte die einst als Schutz vor Wetterunbilden bei Extremwanderungen erdachte Joppe die Läden der Normoausstatter. Und der Verbraucher und seine Trulla griffen beherzt ins Regal. Besonders die grünlila Variante im Partnerlook fand begeisterte Käufer. Mittlerweile kommt schon jeder dritte Rentner daher, als stünde er kurz vor der Besteigung des Nanga Parbat: Er trägt Jacken, die an jeder Öffnung mit Schnüren und Riegeln auf Paßform gebracht werden können, die selbst da noch Taschen haben, wo eigentlich die ausufernden sekundären Geschlechtsmerkmale den ganzen Raum benötigten. Hält irgendwo ein Gerontenbus vor einem Kaffee-und-Kuchen-Depot, so entsteigt ihm garantiert eine Horde extrem regensicher eingewickelter Ableblinge. Selbst an überdachten Orten wird der bunte Knitterfummel ungern abgelegt, bergen die vielen Taschen und Schlaufen doch einen Großteil des Hausrats, den man nicht unbeobachtet lassen möchte. Die Sympathex-Generation geht ungebremst ihren Weg, die Lehrer, Rentner und ADAC-Mitglieder. Sie alle signalisieren mit der grellen Wetterjacke nicht zuletzt ihre politische Korrektheit. Irgendwo natürlich ganz tief im Inneren sind sie irgendwie mit dem Fahrrad da, weil das ja auch irgendwie vernünftiger ist als der Passat Variant, mit dem sie wirklich da sind und in den sie sich gleich reinsetzen mit ihrer regendichten Überlebensjacke.

NACHTS TRUG HERR SCHLUSCHE AM LIEBSTEN SEIN NACHTHEMD IM TRENCHCOAT-STIL. ER HATTE ES SICH ANFERTIGEN LASSEN, UM DEM FEMININEN IMAGE DES NACHTHEMDES EINE MÄNNLICHE NOTE ENTGEGENZUSETZEN.

PROTESTANTISCHER KARNEVAL

CeBIT

Den Ausklang des Winters ehedem feierte der mittelalterliche Mensch mit deftigen Saturnalien. Da wurde gezecht und gevöllt bis die Schwarte kracht und auch mal über die Ehegrenze hinweg an fremden Geschlechtsteilen geziept. Nun, warum nicht, die Kollegen damals hatten ja auch sonst nicht viel zu lachen: dauernd schmurgelte der Großinquisitor einem die liebsten Verwandten weg oder Freund Hein in Gestalt der Beulenpest klopfte ans Tor. Die bacchantische Ausnahme von der Mühsal des Alltags nannte man Karneval oder Fastnacht. Doch, o Graus, was ist daraus geworden? Nachdem schwarzer Tod und Scheiterhaufen ihren Schrecken verloren haben, gings auch mit dem lebensfrohen Gegenentwurf rapide bergab. Heutzutage wacht eine Witzewehrmacht am Rhein und seinen Nebenflüssen und veranstaltet alljährlich eines der absurdesten Doofbackengelage, das die Welt je gesehen hat. In einem gigantischen Tuntenball für Klemmspasten saufen sich ganze Landstriche das Großhirn aus dem Schädel. Über das volle Ausmaß des Schreckens möchte der Chronist an dieser Stelle jedoch das Mäntelchen des Schweigens breiten. Denn es gibt auch Positives zu berichten: In einer Stadt des Landes hat sich der Karneval etwas von seiner Ursprünglichkeit bewahrt. Jene Stadt, wie sollte es anders sein, ist Hannover. Hier ist alles noch so, wie es sein soll. Das dionysische Fest zum Ausklang des Winters heißt CeBIT und ist anders als das erbärmliche Provinzgehampel am Rhein eine Veranstaltung von internationalem Flair. Den gelben Mann geradeso wie Leute aus der Neuen Welt und Muselmanen zieht es alljährlich im März an die Leine, um dort mal ordentlich die Sau rauszulassen. Doch wie es sich für eine protestantische Metropole gehört, wird nicht einfach dumpf gezecht, sondern vorher muß noch für den Herrn Zebaoth der Umsatz gesteigert werden. Deshalb ist dem eigentlichen Gelage eine Computermesse vorgeschaltet. Solange die Sonne am Himmel steht, wird hier gehandelt und verkauft, daß der gute alte Adam Smith seine Freude gehabt hätte. Aber wehe, die Nacht bricht herein über die CeBIT, dann werden die versteckten Bierfässer aus dem Unterschlupf gerollt, und überall zwischen den Messeständen wird gejuchzt und gesoffen: Spontan entstandene Paare kopulieren kichernd hinter den Monitorwänden während alte CeBIT-Kämpen noch am Fries des Hostessenbusens nesteln. Die Leute von der gelben Insel zieht es dagegen in Scharen zur Münchner Halle, einer Kultstätte des primitiven und deswegen um so größeren Genusses. Dort schwelgen sie in Würsten und Eisbeinen, vernichten hektoliterweise Gerstensaft, und wenn die Stimmung ihre Klimax erreicht, die Blaskapelle zum dreißigsten Male »Alte Kameraden« intoniert, dann tobt der Gilb über die Tische. Heissa, was für ein Fest! Und wen's nach anderen fleischlichen Genüssen dürstet, für den hat der Veranstalter ein paar tausend Liebesdienerinnen einfliegen lassen. Leute, das ist Karneval wie er im Mittelalter nicht hätte deftiger sein können. Am anderen Morgen jedoch stehen alle Schwelger wieder am Messestand ihren Mann und verkaufen mit dickem Schädel Soft- und Hardware. In Gedanken sind sie aber halb noch bei der vergangenen Nacht und halb auch schon wieder bei der bevorstehenden. Nur diese Träumereien lassen sie den gnadenlosen Tag durchstehen. Aber wie es sich für einen protestantischen Karneval gehört gilt das Wort: Schnaps ist Schnaps und Dienst ist Dienst.

ABTRANSPORT MIT DER BEIGEN MINNA

Taxifahren

Wenn das dritte Bier mal wieder verlockender war als die Heimreise zur rechten Zeit – gut, dann kann man eigentlich auch noch 'n Dutzend draufsatteln, denn jetzt bringt uns das Taxi heim ins Reich der Träume. Taxen sind diese vanillepuddingfarbenen Dinger, die entweder dutzendweise rumstehen oder gar nicht. Warum, fragt sich der benebelte Gastrogänger, lungern 50 Stück vorm Bahnhof rum, aber dort, wo ich stehe, ist meilenweit keins zu sehen? Weil der Droschkenkutscher gern mit den Kollegen die ausgelesenen Fickelmagazine tauscht und deshalb deren Nähe sucht. Hat man endlich durch Glück und Unverfrorenheit einen Vanillebomber erhascht, überrascht einen beim Öffnen des Schlags zu allererst die mörderisch aufgedrehte Heizanlage. Bei 35 Grad Celsius und 99 % Luftfeuchtigkeit hockt der lenkende Hominide in seinem rollenden Regenwald. Des Ungemachs nicht genug, schleimt aus dem Blaupunkt Lüneburg der stadtübliche Dumpfbackensender seine Hitlerparade mit den Superhits der 30er und 40er Jahre. Und da wo die heiteren Operettenmelodeien uns mit der Gnade einer instrumentalen Schonzeit bedenken, quäkt die Taxizentrale mit 120 decibel durch die Fahrgastzelle. Nur für das Mietdroschkengewerbe werden immer noch Sprechfunkgeräte mit dem Knowhow von 1923 gefertigt. Aus der Kakophonie technischer Urlaute filtert der Schwurbel am Steuer traumwandlerisch die für ihn bestimmte Botschaft heraus: »Hier Wagen 23, bin Höhe Güterbahnhof, muß erst noch einen Besuffski in die Kaputtensiedlung bringen. Melde mich dann.« Betäubt von dem in schwüler Heizungsluft gereiften Deoroller des Taxifahrers, begreifen wir erst nach Minuten, daß *wir* grade gemeint waren. Aber immer noch besser im Auge des Chauffeurs seelenloses Ladegut zu sein, als an einen dieser Kameraden zu gelangen, die einen mit ihren neuesten Überlegungen zur Einführung der Todesstrafe vertraut machen. »Scheinasylanten und so welche, 'ne, an sich müßte man alle diese Brüder 'n Kopf kürzer machen.« Damit die Höhenkontrolle an der Grenze nicht so oft Alarm schlägt, oder warum? Aber Unsinn, Gelegenheit zur Widerrede hat man eh nicht. Die Droschkenlenker von der Laberfraktion blubbern wie unter Drogen tagein, tagaus den gleichen Sermon herunter, ob mit oder ohne Fahrgast. Spannend wird es noch einmal in dem Moment, da wir dem Meister am Volant unser genaues Fahrtziel in Erinnerung bringen: Birkhuhnweg 12. Der frisch eingeschleuste Iraner blättert dann während der Fahrt hoffnungsvoll im Falkplan herum, der alte teutonische Hase nickt allwissend und orgelt uns mit laufendem Taxameter zum anderen Ende der Stadt. Dort bremst er an einem gottverlassenen Droschkenplatz, kurbelt die Scheibe runter, brüllt zwei kackende Hunde und vier Kollegen an: »Samma, kennt von euch einer den Fickhuhnweg?« Acht iranische Samtaugen gucken ihn ungläubig an. Erst jetzt, nach 'ner halben Stunde Fahrt und 36 Piepen auf der Uhr, wendet sich der Kapitän der Umgehungsstraße erstmalig an seinen Fahrgast: »Fickhuhnweg, wo soll'n das sein? – Ach, Birkhuhnweg, hinten in der Kaputtensiedlung! Hab' ich mir doch gleich gedacht.« Sprach's, wendet auf der Einbahnstraße, zeigt uns noch ein wenig die Stadt bei Nacht, um das Taxamter auf 200 Piepen hochzujubeln, und entläßt den willenlosen Fahrgast gegen halb vier am Wachtelring. »Birkhuhnweg sind diese Bodenwellen, die hauen mir die Achse unterm Daimler weg, sind nur noch 'nen paar hundert Meter, macht 256,80.« »300 und 'ne Quittung«, kapituliert der ohnmächtige Gast vor soviel gelebtem Dienstleistungsstandort Deutschland.

Zukunftsweisende Industrien siedeln sich schon jetzt im Speckgürtel der Expo-Stadt Hannover an.

MAHNMAL DER FRÜHEN SIEBZIGER

Hannover

Jeder Mensch sehnt sich danach, dem Fremden stolzgeschwellt und ungefragt den Ort seiner Herkunft mitzuteilen. »I'm scottish« brüstet sich der Polarrandsiedler im karierten Tuntenrock, als ob damit schon ein persönlicher Verdienst verbunden sei. Selbst der Grieche, seit zweieinhalb Jahrtausenden vom Weltgeist getrennt lebend, bildet sich auf seine Nation etwas ein. Da hat's der Deutsche nach 1945 natürlich schwer, und abgesehen von einer Handvoll kahlrasierter Kleinhirne greift er lieber zur Ersatzherkunft. Da ist man voller Stolz ein Hamburger, Münchner, Berliner, ja sogar Kölner. Es bedarf selbstredend kaum einer Erwähnung, daß alle genannten Städte zu 95 % aus dem gleichen Mumpitz bestehen wie Braunschweig oder Bremerhaven und die 5 % Restfaszination dem Besucher eher bekannt sind als dem Eingeborenen. Dennoch macht das Herz einen kleinen Hüpfer, wenn der Insasse aus Wilhelmsburg auf Mallorca verkündet: »Ich bin Hamburger.« Dem Einwohner der Leine-Metropole geht ein entsprechender Satz weniger flüssig über die Lippen. Nur durch das vorgeschaltete »Ömm« mit anschließender Kunstpause kann er den ganzen Mut zusammenfassen und sich zu seiner Herkunft bekennen. Um anschließendes Hohngelächter gleich zu parieren, schiebt er gern noch eine entschuldigende Erklärung nach: »Das liegt 250 km nördlich von Frankfurt« oder »Kann sein, daß ich da aber bald wieder wegziehe ... nach Berlin oder so.« Warum diese unterwürfige Bescheidenheit? Hat Hannover doch den Hanomag R 455 S hervorgebracht. Es gibt andere Städte, ja ganze Nationen, die der Welt keinen einzigen vorzeigbaren Ackerschlepper geschenkt haben. Und da soll man seine Heimat hinter einem kriecherischen »Ömm ...« verstecken? – Ja, man soll! Denn alle anderen, mühsamen Imagekorrekturen der Stadt sind im Sande verlaufen. Da wurden operettenhafte Schießereien in der City inszeniert, um in der Kriminalstatistik mit Hamburg und Frankfurt gleichzuziehen, da wird eine chaotische Weltausstellung geplant, riesige Messehallen werden täglich aus dem Boden gestampft und Kreuzungen unterhöhlt. Allein, es hilft alles nichts. Selbst wenn Hannover die Megametropole der Superlative wird und Hamburg ein aasiges Loch im Norden – selbst dann wird der Fertige von der Elbe noch immer stolz behaupten »Ich komme aus Hamburg« und der Hannoveraner kleinlaut mit »Ömm ...« beginnen. Warum bekennt sich diese Stadt nicht endlich zur Provinzialität als Markenzeichen? Sollen sie doch alle nach Berlin oder Köln ziehen: wieder 'n Parkplatz mehr, wieder 'ne Wohnung frei! Hannover ist mit Sicherheit auch keine Medienmetropole, aber wer wollte Adolf Molabesi und Vagina Feldbusch wirklich abends in der Kneipe treffen? Hannover ist keine Stadt der großen Werbeagenturen, aber orgeln nicht auch so schon viel zu viele Harleys durch die Stadt? Hannover ist – besonders auf der Bahnhofsnordseite – ausgesucht häßlich, aber kreuzen sich nicht gerade hier zwei ICE-Linien, auf denen man Hannover hurtig verlassen kann: ins Theater nach Frankfurt, zum Konzert nach Hamburg, Fußballgucken in Dortmund. Zeichnet sich nicht gerade Weltläufigkeit dadurch aus, daß man seinen piefigen Kiez nicht für den Nabel der Welt hält? Hannoveraner würden nie sagen, ihre Stadt sei die geilste Deutschlands. Von einem Kölner und Münchner hat man das groteskerweise allerdings schon mal vernommen. Arme Irre! Da lebt man hier doch näher an der Realität. Ich fordere deshalb endlich den längst überfälligen Autoaufkleber: »Ömm ... ich komme aus Hannover!«

EINES NACHTS SCHRECKTE HERR SCHLUSCHE AUS DEM SCHLAF AUF UND VERSUCHTE SICH VORZUSTELLEN, ES GÄBE IHN, SCHLUSCHE, GAR NICHT. „UNVORSTELLBAR", DACHTE ER UND SCHLIEF WIEDER EIN.

SCHWANZMESSEN FÜR FORTGESCHRITTENE

Frühlingskorso

Anders als beim Rothirsch, der im November nach seiner Alten grölt, weil ihm die Gurke juckt, treibt's den menschlichen Stenz im April ins Unterholz der Städte. Da wird am PS-Boliden rumonaniert, bis die Schwarte glänzt, und die Pferdchen unter der Haube werden gestreichelt, als sei die Zahl der Penislänge in Millimetern gleichzusetzen. Doch wie reimte einst der Volksmund sehr richtig: Je dicker der Wagen eines Mannes, desto dünner ist sein Johannes.

Die indirekte Schwanzparade findet alljährlich beim Frühlingskorso in den Citys statt. Wenn die ersten wärmenden Sonnenstrahlen die zumindest begattungsneutralen Hühner in die Außengastro der Szenekaschemmen locken, dann hält es auch den lendenfiebrigen Stenz nicht mehr zuhaus. Hauruck die Waschfrau werden die dicken Eier in den rosa Kübel oder Austin Healey gewuppt, und mit angestellter Begattungsstange orgeln die geilen Brüder an den Straßencafés vorbei. Wohl dem, der bei seiner Tussifalle den Überzieher entfernen kann, denn im Cabrio orgelts sich noch mal so gut. Der Frühlingscorso im Bermudadreieck hat eine eigene Sprache des Sex. Ganz oben stehen die Lenker sportlicher Oldtimer aus dem Bereich sechsstelliger Anschaffungspreise: je faltiger der Sack, desto glatter der Lack. Wer so einen Luxusboliden sein eigen nennen kann, ist naturgemäß schon in die Jahre gekommen. Da lockt vor dem eigentlichen Vollzug des GV schon mal ein kulinarisches Vorspiel beim Edelitaliener. Aprés darf's auch der

wirklich gute Rotwein sein. Insgesamt zeugt teures Gefährt von kultiviertem Begattungsritt mit 'ner Menge Streicheln dabei. Ganz anders dagegen spricht der Kradmelder zu den aufgereihten Chicks. Brutal und ungehemmt wie seine Intruder oder Harley ist auch sein Verhältnis zum Nageln im Lenz. Nix da mit teurem Rumgemache beim Edelkoch. Bestenfalls 'nen Curryriemen auf die Orgel geschmissen und ab dafür.
Nun, das mag nicht jede, doch ist das frühlingshaft gestimmte Normo-Huhn dem derben Manne nicht abgeneigt. Gerade der Typus »gestylter Betonfacharbeiter« ist eigentlich immer noch die sicherste Nummer, mit schmalem Portemonnaie etwas vor die Flinte zu bekommen. Zwischen diesen Extremen tummeln sich so allerlei halbgare Anmachgehilfen: die juvenile Jungstecherhorde mit klebrigen Haaren im Golfcabrio, lüstern schielende Strizzis in Mazda-Sportwagen und natürlich die unvermeidlichen Porschepiloten, die ihren Pullover immer so neckisch über den Schultern tragen. Sie alle treibt es beim ersten Blinzeln der Aprilsonne in ihre Eierschaukelei. Und alle phantasieren in ihren Tagträumen von den heißen Hühnern in den Straßencafés, die ihnen aufgegeilt nachblicken. Doch Pustekuchen! Die Hühner gucken weiter eiskalt in ihren Capuccino. Glotzen tun nur die Besitzer der bereits geparkten Gurken. Neidisch oder abschätzig stieren sie der Konkurrenz hinterdrein und erzählen sich gegenseitig uralte Witze über den Zusammenhang zwischen Penislänge und PS – genau wie ich weiter oben. Armer Irrer!

IM FRÜHJAHR KREISST DIE MAMA

Mütter sind wieder unterwegs

Da schieben sie wieder. Frauen undefinierbaren Alters, die stolz die Früchte ihrer winterlichen Gebärfreudigkeit dem Ozonloch präsentieren. In diesem nervenzerreißend quietschenden Karren mit der winzigen Hartgummibereifung hockt sabbernd der Balg und stopft sich die mühsam aufgesammelte Hundescheiße in den zahnlosen Rachen, während Mami die frühkindliche Eierfeile gnadenlos über die Rüttelstrecke orgelt. Mütter sind wieder unterwegs. Von außen erstens leicht zu erkennen am Kind oder noch leichter an der faserigen Umstandskleidung, die noch Jahrzehnte nach dem Abitur der abgenabelten Brut um die Hüften schlackert. Mütter sind wieder unterwegs. Sie lauern in den Straßen mit den Bodenwellen und den Blumenkübeln, sie wohnen in den Sackgassensiedlungen mit den Herzchen an der Straße: Hier spielen Kinder. Na und? Wahrscheinlich foltern die süßen Rangen gerade den Nachbarsjungen. Aber nein, unser kleiner Michel-Patrick doch nicht. Wenn die kleinen Teufel noch ganz winzig sind, dann klebt Mami *den* Aufkleber an das Heckfenster des Kombis: »Achtung, Baby an Bord.« Von allen oberflächlichen Idiotenaufklebern ist dieser der mit Abstand bekloppteste. Wieso »Achtung«? Welche Gefahr lauert denn auf der Rückbank des Vorausfahrenden? Wirft der frischentbundene Säugling lustige Reißnägel auf die Fahrbahn, werden gefüllte Papierwindeln während der Fahrt ausgeklinkt? Und wieso vor allem »an Bord«? Die mit Klaus-Hipp-Ausscheidungen verschmierte

Fahrgastzelle eines sogenannten Familienautos ist doch wohl kaum mit dem Promenadedeck eines Ozeanriesen zu vergleichen. Am schlimmsten ist jedoch der Geist, der hinter diesem überflüssigen Machwerk steht, sagt er doch nichts anderes als: »Hör mal, du unfruchtbare Sau, hier fährt eine gute deutsche Familie, die deine Rente zusammenkopuliert hat.« Na bravo! Mütter sind wieder unterwegs. Zu Hause erkennt man das stolze Mutterglück am Klingelschild neben der Eingangstür. Es ist aus eingetrockneter Knetmasse in schreibunten Plastikfarben und darauf steht: Hier wohnen Jens-Dennis, Petra-Jacqueline, Karl-Heinz und Gaby. Dabei handelt es sich nicht um die konspirative Wohnung einer verkifften Studentenkommune, die »dem Schweinesystem« nicht ihre Nachnamen verraten wollen, sondern um eine kreuzbrave Familie mit einem Kind. Das zweite wurde schon mal sicherheitshalber in Knete gemeißelt, wer weiß, wann die VHS wieder den entsprechenden Kurs anbietet. Ja, und der Name »Bickmann-Stepputat« paßte nicht mehr neben die Tür. Mütter sind wieder unterwegs. Das Frühjahr ist ihre Zeit. Alles kreißt und laicht. Weh dem, der unfortgepflanzt mit einem Buch durch den Stadtpark schleicht. Asoziales Schwein!

Machen sich sehr gut bei lauten und schmutzigen Arbeiten: blonde Frauen.

MENSCHEN AUS DER STEINZEIT

Maurer

Mitten unter uns lebt ein Stamm archaischer Menschen, die sich den Regeln der Zivilisation bisher erfolgreich widersetzt haben. Sie trotzen dem rechten Winkel, sind pünktlich wie die Eisenbahn im Kongo und forzen wie die wilden Schweine. Sie nennen sich »Maurer«, was in ihrer Sprache soviel wie »Witzbold« bedeutet. Bei gutem Wetter krabbeln sie in selbstgebauten Gerippen herum, die sie »Gerüst« nennen, bei schlechtem sitzen sie in blickdichten Einachsanhängern und forzen wie die Wildsäue. Auch wenn die Sonne scheint, kriechen sie alle zwei Stunden in den Furzwagen, schnippeln an riesigen Jagdwurstkartuschen herum und schlorzen Unmengen Bier in sich hinein. Was genau sie draußen auf dem »Gerüst« treiben, weiß niemand. Manchmal brüllen sie Sauereien runter oder pissen in große Plastikwannen. Nicht selten werden diese »Gerüste« in der Nähe von Rohbauten aufgestellt, was in der Regel dort aber keinerlei Veränderungen nach sich zieht. Am liebsten wühlen sie den ganzen Tag – natürlich nur, wenn nicht der Furzwagen lockt – in einer grauen Masse herum, die sie »Speis« oder »Mörtel« nennen. Den schmieren sie sich in ihre grobstolligen Schuhsohlen, klingeln bei wildfremden Leuten und verteilen ihn auf deren Perserteppichen. Noch immer gibt es Menschen in unserem Land, die sich einen Maurer ins Haus bestellen, um etwa eine Wand von ihm errichten zu lassen. Arme Irre! Warum fragen sie nicht ihren Hund, der kommt jedenfalls, wenn man ihn ruft, säuft kein Bier und kackt nicht in die Wohnung. Haben sich die grauen Räuber erst einmal Zugang zu einem Gebäude verschafft, nimmt das Unheil seinen Lauf: Ein rumpelndes Monster produziert draußen im Garten tonnenweise graue Masse, die sich wie ein nie versiegender Lavastrom über den frisch eingesäten Rasen ergießt. Ungerührt von der hemmungslosen Bodenversiegelung sitzen die Maurer seit Stunden im Furzwagen, dreschen Skat und lassen jede Menge reißen. Im Hause passiert nichts, wenn man mal von dem Wasserschaden absieht, der sich durch einen kleinen Schlenker mit der Hilti am Gesimse bildet. Überall fliegt zerfetzte Folie herum, und aus Wut zertrümmerte Kalksandsteine raspeln sich ins Parkett. Das ganze Happening nennt sich »Baustelle« und kostet mördermäßig viel Kohle. Einmal am Tag erscheint ein Mann mit Goldkettchen und Geländewagen und brüllt in den Furzwagen. Manchmal kommt dann jemand raus und verteilt graue Masse auf dem Happening-Gelände. Der Goldkettchenmann spricht auch zuweilen in ein mobiles Fernsprechendgerät und fuchtelt mit den Armen in der Luft herum. Tage später kippen dann große Muldenlaster verstrahlte Hochofenschlacke in die Hofeinfahrt. Das kann monatelang so weitergehen. Doch eines Tages sind sie plötzlich weg. Der Furzwagen ist abgeholt, das Rumpelmonster verstummt, in der verstopften Toilette schwimmen keine Kronkorken mehr. Sonst hat sich nichts geändert auf der »Baustelle«. Irgendwann später kommt noch einmal der Goldkettchenmann, gibt dir ein Werbefeuerzeug und will 250 000 Mark haben. Wofür sagt er nicht. Nur der Kleinliche kann da »Nein« sagen. Wer weiß, vielleicht sitzen die armen Maurer zu Hause und haben nicht einmal genug Bier und Apfelkorn für ihre Kinder.

URSPRÜNGLICH HATTE SICH HERR SCHLUSCHE DIE MASKE GEGEN DIE QUENGELNDEN FLIEGEN BEIM MITTAGSSCHLAF BESORGT – MITTLERWEILE GEFIEL IHM ABER DIE ROLLE DES ANONYMEN RÄCHERS WESENTLICH BESSER ALS DIE DES MITTAGSSCHLÄFERS.

BACCHANTISCHER WAHN AUF WASCHBETON

Stadtfeste

Der Volksmund, dieser nimmermüde Schlaumeier, wußte einst über den Mai zu berichten, daß sich hier die Lende wieder melde. Nun, das gilt auch noch heute, nur ist es nicht mehr die eigene im Schlüpfer, sondern die vom Schwein auf dem Feuer. Und damit die Grillpestilenz nicht bloß allabendlich durch die heimische Reihenhaussiedlung weht, haben sich die Stadtväter auch was Lustiges für die öffentlichen Freiflächen ausgedacht. Ab Mai läuft der Freß-, Gröl- und Saufmarathon durch's ganze Jahr. Unter wechselnden Bezeichnungen wie Frühlingsfest, Schützenfest, Brahmsfestspiele, Stadthallenfest, Weinmarkt, Altstadtfest, City-Rendezvous oder »Drei Tenöre auf dem MÖSA-Parkplatz« schleppt sich ein Lindwurm immergleicher Grillkrakauerbuden und Bierlafetten von einem Ort zum andern. Hinterdrein torkeln die zweibeinigen Endlagerstätten von Currywurst und Kleiner Feigling. In jeder Saison verwandeln sich ganz normale Menschen in einen Haufen Irrer, die in ihrer Freizeit nichts Besseres zu tun haben, als monströse Kartoffeln aus Alufolie zu fingern oder sogenannte Darbietungen am Wegesrand anzugaffen. Letztere sind das Salz in der Suppe kommunaler Fun-Events. Die Schalmaientruppe der Grundschule oder der Shantychor Schwüblingsen machen eine stumpfsinnige Völlerei zum »kulturellen Angebot«. Ruckzuck wandelt sich der Randgruppenexerzierplatz vor Karstadt in ein Centre Pompidou. Jedes Mistkaff wird ein kleines Paris. Wenn der Deutsche sich im Sommer außerhäusig einen auf die Glocke gießt, nennt man das »unbeschwerte südländische Lebensart«. Just diese möchten die Stadtväter ihren kalten Citys implantieren, wenn sie z. B. international renommierte »Marktschreierwettbewerbe« in ihre Mauern holen. Witziges Detail aller städtischen Vergnügungen ist die ständige Warnung vor der »Kommerzialisierung«. Bruharhar!!! Als ob je ein Fischfritze seinen öligen Panadebrocken für Gottes Lohn abgegeben hätte. Im Gegenteil: Nirgends ist das Preis-Leistungsverhältnis so mies wie in der Barackengastro der Sommerfeste. Nachdem man eine halbe Stunde im Regen angestanden hat, wird für ein schlecht gezapftes Schankbier im Plastebecher mindestens ein Heiermann einbehalten. Die wummernde Cassettenmusik im Hintergrund kann da die Laune auch nur wenig heben. Wer seinen Magen gänzlich blank schmeißen will, dem bleiben noch die Gourmet-Angebote in den riesigen Sudpfannen: Rumänischer Hirtentopf, Delfter Ferkelpfanne, Wiesenchampignons im Sägespanmantel – unerschöpflich ist die Phantasie der Fettsieder und Schmurgelköche. Die Königin der Outdoor-Verköstigung ist und bleibt aber das Nackensteak. Allein der Augenschmaus, blutige Fleischbrocken auf dem Feuer zucken zu sehen, entschädigt den Verlust an Lebenserwartung nach ihrem Genuß. Immergleiches Ritual am Ende eines der ungezählten Stadtfeste ist das Verblasen der Müllstrecke danach. Auweia, was waren wir wieder für kleine Ferkel. Fünfzig Tonnen Plastikbecher, Würstchenpappen und weggeworfene Losbudengewinne sind wieder mal zusammengekommen. Dabei ist gerade dieser vermeintliche Nebenaspekt die Hauptlust am Sauf- und Freß-Event. Endlich kann man sich mal wieder wie eine richtige Ökosau benehmen: Halben Liter Bierschlempe auf ex in den Kopp und kraxzerberst den Plastebecher auf dem Trottoir zertreten, harharhar! Mal wieder richtig die Gegend zumüllen wie früher, als sie noch nicht Umwelt hieß – das macht schon Spaß! Drum haben sie schon ihren Sinn, die städtischen Saturnalien des Sommers: Sie sind der kleine Wochenendurlaub vom Mülltrennen und Gesundleben. Ist doch auch schon was!

WEEKEND-REBELLEN ON WHEELS

Biker

Als das Motorrad noch Krad genannt wurde, verfluchten die durchnäßten Männer in den Sätteln mehrfach am Tage ihre Maschinen, die nicht ansprangen, auf denen man fror wie ein Schneider und wo man sich dauernd ölige Griffel holte. Was sich heute »Biker« nennt, muß nirgendwo mehr hin, sondern rast »nur so« wie eine gesengte Sau durch die Landschaft. Damit die Sinnlosigkeit der Ortsveränderung nicht sofort ins Auge springt, gibt's überall Motorradgottesdienste und Bikertreffen. Da stehen die Heinis 'ne Zeitlang rum wie eine Horde ausgebauter Ledersitze und dann orgeln sie wieder heimwärts. Gerne wird sich bei der Gelegenheit auch totgefahren, besonders von Bikern, die mehr PS zwischen den Beinen haben als IQ in der Birne. Gewagte Manöver in der Horde, mit 140 über den Rollsplit und Oma zu Hause darf sich schon mal den Arsch rasieren, damit der Onkel Doktor was zu transplantieren hat. Doch nicht alle Biker rasen sich den Brägen aus dem Helm, daneben gibt's auch noch die Cruiser. Das sind lächerliche Schwachmaten, die wie eine kackende Lesbe auf einer japanoiden Harley-Replika hocken und von Eisdiele zu Eisdiele bummeln. Man, sehen die scheiße dabei aus! Fast so scheiße wie die haarigen Daddies auf den verchromten Kirmeskisten, die immer eine Pestwolke Countrymusik hinter sich herziehen. Am scheißigsten sind aber die Bekloppten, die sich via Jackenstickbild für was Besonderes halten: »Harley-Owners-Group« oder »Women-on-wheels« heißt beides übersetzt: »Combo eingebildeter Schweine«. Denn 'ne doofe Harley kaufen kann sich jeder, der gerne 30 große Zettel verbrennt, und Frau zu sein haben immerhin auch die Hälfte aller Menschen ohne Probleme geschafft. Bei aller Markenrivalität der Motorrad-User untereinander überwiegt doch das einigende Gefühl ein Biker zu sein, quasi ein Outlaw und irgendwo auch ein Cowboy. Man ist schweinemäßig individuell und total nonkonformistisch. Logisch! Dabei rennen die ganzen Affen alle in dieselben Bikershops, und sobald Sonnenschein und Feiertag eine unheilige Allianz bilden, drücken alle wie auf Kommando auf den E-Starter ihrer Eierfeile. Und dann bügeln hundertausend Individualisten über dieselben Straßen zu denselben Naherholungszielen, labern 10 Minuten Bikerscheiße, fummeln vorm Pissen 20 Minuten an ihren Kombis rum und kämmen sich 'ne halbe Stunde die platten Haare wieder hoch. Zack, fertig und wieder nach Hause. Nur weiter als 20 Kilometer sollte es nicht sein, damit das Biken nicht in Anstrengung ausartet. Insgesamt ist die ganze Motorradfahrerei so eine Luschennummer geworden, daß man sich wundert, warum es noch nicht massenweise von Mümmelgreisen betrieben wird.

Nie mehr den eigenen Pillermann anfassen müssen. Männer sind erleichtert.

WENN DIE BLASE DEN HEIMWEG NICHT FINDET

Pinkeln außer Haus

Im hippen Designerbistro hat das fünfte Pils seinen unaufhaltsamen Weg in das Rückhaltebecken kurz über dem Geschröte gefunden, will meinen: Die Blase ist voll, und ein Gang zur Toilette scheint angebracht. Nun beginnt dieser in einer noch unbekannten Gaststätte stets mit dem schweifenden Blick auf der Suche nach dem verheißungsvollen Schild. Es hängt immer dort, wo die wenigsten es sehen können. Das zwingt den prall gefüllten Gast in einer Situation der körperlichen Schwäche nervös vor der Theke auf und ab zu trippeln, bis einer der Gläser spülenden Androiden seinen fragenden Blick aufschnappt. Wirte sind ja die einzigen Sadisten, die ihre Perversion zwanglos in den beruflichen Alltag integrieren können. Sie traktieren ihre Kundschaft nicht nur mit selbst entworfenem Nahrungsersatz und eigens zusammengestellter Doofkopp-Lala, sondern haben auch und gerade ihren Spaß daran, der drängenden Notdurft ihrer Gastrogefangenen einen Spießrutenlauf voranzusetzen. Es geht drei Treppen runter durch's Getränkedepot auf den Hinterhof. Im Nieselregen draußen belfern zwei asthmatische Doberleute ihren aasigen Brodem durch die Dunkelheit. Kein Licht, kein weiterführender Hinweis, nur Hundescheiße und rostige Drahtkörbe von der Frittenanlieferung. Behutsam tastet sich der Besitzer einer Blase mit sechs AtÜ Kesseldruck wimmernd an der Wand lang, vorbei an acht Türen mit der Aufschrift »Privat« und einem Basislager leerer Bierkästen. Endlich erscheinen zwei

Türen im fahlen Mondlicht, die zu einem umgebauten Ziegenstall zu gehören scheinen – dem Geruch zufolge jedenfalls. Erleichtert will der Blasenträger seine Hosenknöpfe zwecks schnellerer Entsorgung schon entriegeln, da dräut neues Ungemach. Die traditionell nach Geschlechtern spezifizierten Harnräume sind nicht durch eindeutige Symbolik identifizierbar. Da prangt kein »H« oder »D«, kein »Männer« oder »Frauen«. Statt dessen klebt an jeder Tür ein in bronzierte Plaste getriebenes Barockfigürchen, dem man auch bei vollem Büchsenlicht das Geschlecht nicht hätte ansehen können. Doch zum Zaudern lassen die mittlerweile acht AtÜ Kesseldruck keine Zeit. Mit geöffneter Hose wird die erstbeste Tür aufgerissen, und – Gott sei Dank, es ist die Herrentoilette. Noch während der mörderische Urinstrahl mit den giftgrünen Tabletten im Pißbecken sein neckisches Spiel treibt und man heilfroh ist angesichts der braungräulichen Schlieren, daß man durch die ausgereifte Anatomie des Mannes nicht zu den Kontaktharnern gehört, ja, noch während man sich zufrieden dem perlenden Strahl seines Blaseninhalts hingibt, wird die Tür aufgerissen und zwei Exemplare von der Geschlechteropposition treten ein. Keinen Augenblick daran zweifelnd, den richtigen Zellentrakt geöffnet zu haben – trotz wandseitig verschraubter Urinale –, fangen die weiblichen Kampfharner sofort an, von sexueller Belästigung zu zetern, und prügeln ihr Opfer mit halbentleerter Blase und offener Hose auf den düsteren Hof. Soviel ist gewiß: Sollte mich je eine geistige Umnachtung noch mal in dieses Lokal treiben, schiff ich eiskalt in den Getränkekeller.

AM MEISTEN STÖRTE HERRN SCHLUSCHE
AN DEM ABGEBROCHENEN ZAHN, DASS
DIE ZUNGE SEITDEM NICHT MEHR
SEINER BEFEHLSGEWALT UNTERSTAND.

ABSCHIED VON GUT UND BÖSE

Gerechte Kriege

Es gibt keine gerechten Kriege mehr. Als Kinder spielten wir Räuber und Gendarm oder Cowboy und Indianer. Die einen waren die Guten, die anderen ein Haufen stinkender Katzenscheiße. Auf diese Weise ideologisch gestählt ging's los mit dem Erwachsenwerden: Die Guten hatten einen blauen Pelikanfüller, die schwulen Mädchen schrieben mit Geha. Doch dann mußten wir erfahren, daß beide zu einer Firma gehörten – ein Weltbild wurde für immer zerstört! Es gab keine gerechten Kriege mehr. In den Freistunden der Oberstufe lehnten wir bei Eduscho an den Stehtischen und rauchten Haschisch, weil es so cool war – gegenüber bei Tchibo standen die Asozialen und soffen Kaffee, weil es so billig war. Heute haben die Asozialen die Kiffer aufgekauft – Eduscho gehört zu Tchibo. Die Pisser und Wichser liefen schon immer mit den drei Streifen am Turnschuh rum, die Guten trugen seit jeher die schnellen Treter mit dem Silberlöwen. Auch das ist vorbei, obwohl sich die Gebrüder Dassler in Herzogenaurach auch nach ihrem Tod noch spinnefeind sind. Die alte Dualität ist aber leider dahin, die Fun-Generation läuft auf Nike und Reebok, LA Gear und Weißdergeier. Mit 14 wurden einige von uns per Konfirmation in die evangelische Gemeinde aufgenommen. Geil, jetzt ging's an's Katholikenvermöbeln, hofften wir. Doch was unsere Großväter im Dreißigjährigen Krieg erfolgreich verteidigt hatten, wurde begraben in einem weicheiigen Ökumenegeschwurbel – Papist und Ketzer süppelten aus demselben Abendmahlskelch, der so gesehen dann auch im weiteren Leben an uns vorübergehen konnte. Endlich 18, wir freuten uns auf die Bundeswehr, Russkis verwämsen, au ja! Doch ähnlich hart wie seinerzeit beim Hitler-Stalin Pakt wurde durch Gorbi das Feindbild zerstört. Nicht mehr lange und die Russkis sind Nato-Mitglied. So lebten wir immer mehr in einer alles zusabbernden Harmonie, hatten uns nur noch wenige Reservate des Kampfes »Gut gegen Böse« bewahrt. Wir fuhren ein BMW-Motorrad und hielten die Fahrer japanischer Joghurtbecher für den letzten Dreck – solange bis BMW japanische Federbeine in die Gummikühe einbaute. Manche fuhren einen Golf GTI und bespuckten Manta-Fahrer vor der Eisdiele, alle freuten sich über den Autokrieg zwischen Opel und VW – bis Volkswagen sich verpflichtete, Opelteile in seine Kisten einzubauen. Was blieb noch übrig an gerechten Kriegen? Zu Hause stand ein Apple Macintosh, unsere Gegner hatten vorsintflutliche Müllrechner, auf denen eine Art nachgemachte DDR-Software namens MS-DOS zu laufen vorgab. Für den MacUser waren die Microsoft-IBM-Leute eine Art behämmerte Eingeborene, denen man halbjährlich neue Update-Glasperlen verhökern konnte – kurz: Vollidioten! Jetzt hat Bill Gates Apple übernommen. Das Reich des Bösen hat gesiegt. Wen kann man überhaupt noch anspucken? Was müssen wir uns noch gefallen lassen? Gibt es keine gerechten Kriege mehr? Die stolzen Jungens, die einst den Pelikan-Füller trugen wie eine Auszeichnung, schreiben heute ihre Briefe mit weibischer Windows-Software. Das Leben ist hart geworden.

SEELENRUHIG DIE EIER KRATZEN

Sichtschutzelemente

In der vergangenen Saison erfreute uns die Baumarktforschung mit dem Polen-Carport, einem fragilen Plastegebilde zur Überdachung polnischer Schwarzarbeiter; in diesem Jahr ist der saisonale Hit das Sichtschutzelement. Getreu dem Bewußtsein, daß einem nichts so sehr auf den Zünder geht wie der Anblick des Mitmenschen, kreierten die Sichtschutzdesigner eine lustige Folge dekorativer Bretterwände. Vor und hinter diesen kauert der Reihenhaus-Kapeike neben der Grillfolie und lauscht, was Frau Nachbarin so alles mit ihrem Dobermann anstellt. Die knallharten Verfechter der *splendid isolation* schwören dabei auf den Dichtzaun »Amalienborg«, Kiefern-Profilbretter auf 1,80 mal 1,80, verschraubt in mittelschwerem Betonanker, feuerverzinkt. Da linst kein dummes Schwein mehr durch. Neulinge im Sichtschutzbusiness greifen zur tuntigen Rankhilfe für Kletterpflanzen und hoffen, daß der geile Knöterich binnen eines Sommers dem Nachbarn das Rübergaffen verleidet. Allen Produkten der Grenzbefestigung gemein ist die durch Kesseldruckimprägnierung erzeugte Farbgebung: entweder Dünnschißbraun oder Gallegrün. Zu bequem, ständig nach dem Pinsel zu greifen, bevorzugt der Reihenhäusler die fäuleresistente Chemotherapie fürs schwabbelige Kiefernbrett. So erscheinen ganze Vorgartenfluchten wie die Palettensiedlungen brasilianischer Favelas. Hier noch 'ne Pergola, da 'ne Rankhilfe, vorne der Carport mit der Dornen-Arkade und zwischen Rosenbogen und Sichtschutzelementen liegt die

Holzfliesen-Terrasse – alles im Palettenlook, kesseldruckimprägniert und mit verzinkten Bodenhülsen in die Muttererde gerammt. Mit ein paar Klaftern Baumarktbrettern kann man den lüsternen Blick des Nachbarn endgültig von seinem Grundstück verbannen. Doch lauert wie so oft auch hier ein Pferdefuß. Solange man noch sieht, woher ein Geräusch seinen Ursprung nahm, läßt es sich problemlos ins Weltbild schieben: ein sonores Rasseln von nebenan, dazu ein sich zaghaft lüftendes Badelaken: Aha, Frau Nachbarin hat einen reißen lassen. Geschieht diese opto-akustische Flatulenz allerdings hinterm Sichtschutzelement, gerät sie leicht zum Mysterium. Was war das für ein Rasseln? Hat der Köter drüben sein Leben ausgehaucht, ist dem Anrainer die Frau zu frech geworden, und er hat ihr den Gartenschlauch in den After gerammt? Tausenderlei Mutmaßungen ranken sich plötzlich um die alltägliche Geräuschabsonderung. Schuld ist die Kiefernlamelle, die das, was von nebenan herüberweht, seiner optischen Zuordnung beraubt. So fläzt sich zwar der Eigenheiminsasse gutgelaunt hinters Sichtschutzelement und kratzt unbeobachtet die ganzen Eier einmal durch, doch ständig wird hinterm Brett gerasselt und geröchelt, ohne zu wissen, woher und von wem. So wird unser Freund über kurz oder lang einfach meschugge und kommt in eine dieser praktischen Anstalten, in denen die Sichtschutzelemente noch aus Stahlbeton sind. Selber schuld!

Frankfurt. Skyline der Bankenmetropole aus japanischer Sicht.

DEN HESSE SEI' DALLAS

Frankfurt

Schwer zu lieben, allein schon weil dort der Hesse wohnt, ist Frankfurt am Main, hesslich eben. An einer Überdosis amerikanischer Vorabendserien leidend, haben die Stadtväter das Krämernest am Taunus zu einem Dallas-Plagiat geklont: Banken, Chemiekonzerne und noch mal Banken: Alle haben ihre Glitzertürme an den Main geknallt. Und dazwischen west der Resthesse als Gaudium für Amis und Japaner. Bevorzugtes Folklore-Gesöff ist ein verwässerter Appelkorn, der einen Schädel bereitet wie kein zweites. Dieser verniedlicht als »Äbbelwoi« titulierte Darmzottensprenger wird in mehrlitrigen Kannen gereicht – sogenannten Bembeln. Die knetet der Hesse selbst aus frischem Beton, um sie danach noch mit irrer Graphik zu bepinseln. »Oi Bembel Äbbelwoi« haut einen dermaßen um, daß man auch schon anfängt, so bekloppt zu lallen wie der Frankfurter es die ganze Zeit nur tut. Irgendwie ist die Zunge zu lang, der Mund zu kurz oder sonstwie was danebengegangen in der Ontogenese des Hessen. Jedenfalls will ihm kein klarer Konsonant über die Lippen kommen, alles ist ein breiiges Gebabbel. Der größte Hesse aller Zeiten, Heinz Schenk, soll schon die fünfte Zunge haben: alle andern durchgebabbelt. Weils mit dem Sprechen nicht so klappt, redet der Frankfurter gerne auch rektal. »Handkäs mit Musik« heißt der entsprechende Schambezwinger, der die Rosette zum Klingen bringt. Stinkiger Gummikäse mit öligen Zwiebeln, ja da bleibt kein Schließmuskel auf Dauer verschlossen. Mit Frankfurt treten wir in *den* Bereich Deutschlands ein, der sich durch offen gelebte Analerotik auszeichnet. »Wenn's Arscherl brummt, ist's Herzl g'sund« formuliert wenige Kilometer südöstlich hinter der Landesgrenze schon der Bajuware sein Lebensmotto. Die merkwürdige Metropole am Main kennt allerdings nicht nur den Bembel und den Bänker. Dort wo das Kapital zu Hause ist siedelt auch der Linksalternative. Unter dem hiesigen Pflaster wurde einst der Strand vermutet, und jede pseudomarxistische Sektiererclique hat hier ihre behämmerten Pamphlete verteilt. In Frankfurt wurden Adorno die Möpse gezeigt, und auf der Startbahn West war die bekannteste grüne Protestkirmes im Lande. Heute glotzen Joschka Fischer und Daniel Cohn-Bendit rührselig in den Bembel und freuen sich, wenn in ihrem Alter nach Handkäs mit Musik die Rosette noch anständig rasselt. Da wo das heutige Frankfurt keine Hochhäuser hat, stehen nachgemachte Altstadtfassaden namens »Römer« oder eine »Alter Oper« mit Kern aus Stahlbeton. Mehr Historie braucht kein Japaner und kein Ami, und der Hesse ist froh, daß er sich schon wieder drei Tage hintereinander beim Sprechen nicht die Zunge abgebissen hat. Eigentlich lebt hier gar keiner mehr. Die, die sich's leisten können, wohnen im Taunus, die anderen nutzen die hervorragenden Verkehrsverbindungen, um dem miefigen Loch so oft es geht den Rücken zu kehren. Frankfurter Kreuz, Frankfurter Hauptbahnhof, Frankfurter Flughafen: Nirgends sonst kommt man besser weg. Felix Francoforte!

MANCHMAL FAND HERR SCHLUSCHE SEINE HEIMATSTADT SO HÄSSLICH, DASS ER UNTER KEINEN UMSTÄNDEN ALS EINHEIMISCHER ERKANNT WERDEN WOLLTE.

WIE MAN FREUNDE BEHÄLT

Ich verleih nix

Die sicherste Form einen alten Freund auf ewig zu verlieren ist noch immer, ihm in der Not ein hübsches Sümmchen auszuleihen. Spätestens wenn die erste Rückzahlungserinnerung – ob als bankenübliche Ermahnung oder nur als freundliches Wort formuliert – den Begünstigten ereilt, mutiert man in dessen Augen zum Schwein. Was im Geschäftsleben von jedem akzeptiert, im Freundeskreis gilt die Einforderung geliehenen Kapitals als moralisch verwerflich. Autoritätsgläubig und analfixiert wie das kleine Menschlein nun einmal ist, kuscht es vor jedem Zweigstellenleiter, meint aber durch die emotional bestimmte Freundesbeziehung leichthin einen Fluchtweg aus seiner desolaten Finanzwirtschaft trampeln zu können. Der Freund ist die Schwachstelle im sich zuschnürenden Cordon der Gläubiger, ihn zu versetzen scheint nicht halb so schlimm wie die anonymen Geldhaie. Drum rat ich Euch, wenn Euer bester Kumpel Euch bittet, ihm den fehlenden Tausi für 'ne gebrauchte Niere aus Indien zu leihen, sagt nein. Erstens ist es sowieso gelogen, zweitens findet er einen anderen Doofen und drittens: Sollte erstens und zweitens nicht stimmen: Lieber einen toten Freund als einen lebendigen Feind. Auf keine andere Weise kann man sich so schnell und gründlich die Sympathie für den Nächsten verhageln wie durch das unentgeltliche Zurverfügungstellen von Geld und Material. Du leihst jemandem, natürlich ohne auch nur den verfahrenen Sprit in Rechnung zu stellen, dein Auto. Wenn du es Stunden nach der vereinbarten Zeit zurückbekommst, sind Sitz und Rückspiegel verstellt, der Aschenbecher wurde zigmal verfehlt, zwei ausgeschlenzte Cola Light-Dosen poltern im Fond und alles liegt voller Ballisto-Papier. Du borgst jemandem deine Wohnung für ein Wochenende: Alkoholvorräte bis zur Bilge gelenzt, Kühltruheninhalt angefressen, Klo verstopft, Schlüssel verloren, Parkett verkratzt, über den Lenol wehen Staubflocken im Luftzug der offenstehenden Fenster, und an den unmöglichsten Stellen zeugen kristalline Spermareste vom heiteren Zweck der Wohnungsnot. Sei lieber gleich ein Schwein, und jag die Bande ins Hotel. Erstaunlicherweise gibt es immer noch Leute, die Bücher und Platten verleihen, zwei Dinge, die man nicht einmal beschädigt jemals wiedersieht. Am verblüffendsten aber sind die Bekloppten, die ihre Sexualpartner untereinander verleihen. In sogenannten Swingerclubs lümmeln trantütige Ehepaare nackig in der Bar herum, jagen sich 'n paar Asbach in die Blutbahn, und dann geht's – hauruck die Waschfrau – dem Leihpartner ans Feuchtgebiet. Wenn ich sehe, wie deutsche Menschen die wahre Geliebte eines anderen, sein Auto, nach dem Leihakt zurückgeben, möcht ich nicht wissen, wie der verliehene Partner im Swingerclub wieder auftaucht: Alles verstellt, und aus jeder Körperöffnung hängt Ballistopapier. Vielen Dank! Ich verleih nix!

CHARONS BRUDER MIT DER OUZO-PLATTE

Der Grieche

Was zum Beispiel macht eigentlich der Grieche den ganzen Tag? Seitdem vor gut 2000 Jahren der Weltgeist in Hellas die Biege machte, hinterließ er ein Land mit dem Charme einer Kiesgrube, dessen Bewohner dennoch lustig drauf sind. Mopsfidel springen Zorbas und seine Kumpel am Strand herum und hüpfen den Sirtaki. Der Grieche wäre mithin ein recht angenehmer Schöpfungskollege, hätten nicht die Verwegensten unter ihnen vor Jahrzehnten den Plan gefaßt, den Rest der Welt mit ihren Kochkünsten zu malträtieren. Was waren die Wikinger, was die Mongolen doch für harmlose Besuchergruppen gegen den Ansturm der Griechen auf unsere Zivilisation. In einem grandiosen Mißverständnis der türkischen Küche rühren Pannajotis und seine Schergen einen Schlangenfraß zusammen, der weltweit seinesgleichen sucht. Da wird junger Weißwein mit einer Art Holzschutzmittel verlängert, Gehacktes in Motoröl geschwenkt und jede Form von Schwein am offenen Feuer zu Brikettfetzen gekokelt. Als Zugeständnis an mitteleuropäische Gaumen gibt es zu jedem Magenbrecher eine Schaufel Industriefritten. Nun, was treibt den Kunden aber zu Charon und seinen Brüdern? Es ist die schiere Masse des Dargereichten und sein verheißungsvoller Name. So besteht die omnipräsente Ouzo-Platte nicht nur aus mehrerlei Sorten Kokelschwein nebst Frittenfuder, sondern – wie der Name schon verspricht – zusätzlich aus dem nachgeschobenen Absinth. Ein veritabler Marketingtrick! Hat man doch nach dem mörderischen Geschmack des seifigen Gesöffs schon wieder vergessen, welche Verheerungen die zuvor verabfolgte Schwartenkohle im Magen angerichtet hat. So stiefelt man gut gelaunt nach Hause ob des günstigen Preis-Leistungsverhältnisses griechischer Küche und merkt erst am nächsten Morgen, auf welche fatale Weise die eigene Lebenserwartung schon wieder geschmälert wurde. Erstaunlich auch am Griechen ist die Tatsache, wie sich ein ganzes Volk fanatisch auf die Tätigkeit stürzt, von der es am wenigsten versteht. In jeder deutschen Kleinstadt gibt es mindestens zehn Akroplis-, Olympia- oder Hades-Restaurants, und jede zweite Dorfkneipe hat Costa in ein griechisches Öl- und Fritten-Parthenon verwandelt. In anderen Branchen hält sich der Kollege von der Ägäis aber seltsam bedeckt. Nur die Familien Niarchos und Onassis versuchten einst als Tankerkönige ihr Glück, haben vermutlich mittlerweile aber auch längst wieder einen Gasthof »Zur Eiche bei Onassis« eröffnet. Wo auch sonst läßt sich dieses heimelige Ambiente aus Gipsfiguren und Touristikplakaten so überzeugend ausleben. Und wenn dann noch der jaulende Balkantechno aus den Lautsprechern quäkt, dann haben wir gelernt, daß »Stuhl« auf griechisch Bifteki heißt. Gutos Appetitos!

Deutsche Gaststätte – leider im Suff einen Buchstaben vergessen.

DAS PARADIES DER DEUTSCHEN

Mit Zapfanlage

Die Vorstellungen des deutschen Menschen vom Paradiese sind schlicht und ganz von dieser Welt: Scheißegal wo, Hauptsache mit Zapfanlage. Um diese höchstmögliche Form der Glückseligkeit schon hienieden antesten zu können, hämmert der Bekloppte reihenweise Bierhähne ins irdische Jammertal. Der ehemalige Heizungskeller, notdürftig mit Fichtenrauspund zur Haifischbar genagelt – die Zapfanlage macht ihn zum deutschen Himmel. Noch die müdeste Sofaparty mit Kleinerts von gegenüber wird zum Bacchanal, wenn das Partyfäßchen auf dem Servierwägelchen sintert. Gipfel des Zapfwahnes sind diese merkwürdigen Planwagen, die im Sommer durch die Naherholungsgebiete zuckeln. Unter schwitziger LKW-Plane hocken in sengender Mittagshitze die feisten Touris und lassen sich vom dampfenden Gnadenbrötler durch die Heide wackeln. Allein, es lohnt die Tortur. Denn was wohl haben wir da zusätzlich zum Cassettendeck mit Blu-Bo-Mucke auf dem Entertainment-Hänger? Richtig! Eine Zapfanlage! Fern vom angestammten Platz an der Theke wird das Wunder des Zapfhahnes erst richtig offenbar. Man stelle sich vor: Ein Hahn kommt aus der Wand oder einem Möbel und anstelle des erwarteten schnöden H_20 sprudelt erquickender Gerstensaft aus dem Absperrventil. Größtmöglichstes aller vorstellbaren Wunder! Die Germanen wären 1000 Jahre früher durchchristianisiert worden, hätte der Nazarener, statt Wasser in Wein zu verwandeln, einen Zapfhahn in den Sinai gehämmert und »O zapft is« gebrüllt.

Der Deutsche wird niemals müde, sich alltäglich dieses Wunders zu vergewissern: Ein Hahn wird geöffnet, und ohn' Unterlaß ergießt sich die blonde Labsal in die Welt – gezähmt nur vom noch größeren Durst des Biertrinkers. Drum ist der Zapfhahn *das* religiöse Symbol des deutschen Menschen. Und was in den Kellern geschieht, unter den schwitzenden Plastikplanen hinter dampfenden Rössern, in den sommerlichen Baumarktpavillons – das ist der deutsche Gottesdienst. Die Vierteldrehung am Messinghahn, das sich nachfolgend schäumend ins Glas ergießende Bräu – das ist gelebtes Heidentum, das sind archaische Saturnalien über Jahrhunderte weitergereicht an die nächste Generation. Andere Völker können das nicht verstehen. Wer das Bier nur aus der Flasche kennt, wird nie begreifen, daß im Zapfhahn das Versprechen der Ewigkeit verborgen ist. Hier wohnt der Traum vom nie versiegenden Quell. Und – sind wir mal ehrlich – es ist die schönste Religion, die sich je ein Mensch erdacht hat. Und wir Deutschen, wir fürchten nichts auf der Welt, außer daß vor ihrem Ende das Bier alle ist – das wäre dann der übelste Zapfenstreich, den man uns gespielt hätte.

DURCH SEINE LAUBSÄGE
HATTE HERR SCHLUSCHE
EINEN NEUEN FREUND
GEWONNEN.

FREUDLOSE SÄRGE ZUM RUMFAHREN

Mittelklasselimousinen

Was sind das eigentlich für Bekloppte, die sich eine »Mittelklasselimousine« kaufen? Diese albernen Autos mit dem Kofferraumarsch, in den nichts reinpaßt, und der Komplettveloursausstattung. Wie macht man das überhaupt? Geht man in ein Fahrzeuggeschäft und sagt: »Guten Tag, ich hätte gern eine Mittelklasselimousine.« Wie kommt man sich dabei vor? Schwerlich wie ein Siegertyp. Der ideale Käufer so einer Durchschnittsgurke besuchte die Mittelschule bis zur Mittleren Reife, schlug dann die Mittlere Laufbahn in einer miefigen Behörde ein und wohnt mit seiner mittelblonden Tussi in einem Mittelzentrum. Den mittelgroßen Hund hab ich noch vergessen. Der erworbene VW Passat, Opel Omega, Ford Mondeo, oder wie immer diese traumatischen Kisten sich nennen, ist vorzugsweise in Marmeladenrot oder irgend so'm Blau lackiert. Am liebsten zuckelt der Eigner in seinem Loserbrummer mit 40 km/h durch die Stadt, um seine über alles geliebte Waschanlage zu erreichen. Hier kann man sich für sensationelle 1 Mark einen blasen lassen, zwar nur mit dem Staubrüssel über die Fußmatte, aber es freut einen dennoch. Wie kein anderes Auto wird die Mittelklasselimousine mit den Produkten der Lackpflege gehätschelt: Autopudding, Felgenfinish, Dachshampoo oder Cockpitspray – die ganze Kosmetikserie pustet Mittel-Man am Samstag über den Seat Bodega. Und am Sonntag geht's zusammen mit der frisch gewaschenen Mittel-Woman ins Ausflugsziel. Da wird dann richtig einer draufgemacht: Zwei Kännchen Kaffee und zweimal Quarksahne: 240 km hin und zurück. Eine wirklich runde Sache ist es, wenn ein Stück Autobahn zum Anfahrtsweg gehört. Da kann man die Mittelgurke mal auf 100 km/h hochjagen und sein verbrieftes Recht auf Benutzung der Überholspur gegen ausländische Laster verteidigen. Mit dem wohligen Gefühl, die weite Welt gesehen zu haben, kehren Mittel-Man und Mittel-Woman am frühen Abend ins Mittelreihenhaus zurück. Doch bevor man sich den baccantischen Freuden des günstigen Supermarktbieres hingeben darf, muß erst das treue Pferd versorgt werden. In der geheizten Garage wird der schwitzende Bolide mit dem Fensterleder abgerubbelt, um dem Rostfraß durch Kondensnässe ein Schnippchen zu schlagen. Unterdessen hat Mitteltussi schon eine knallechte Steinofenpizza aufgetaut und mit Wurstresten veredelt. Gut gelaunt lümmelt man sich dann in den braunen Edelveloursdreisitzer und stöbert in der AUTO-BILD. Das Zentralorgan des Mittelklasselimousinenbesitzers bringt wöchentlich Gruselstories, in denen die Lieblinge bei Crash-Tests verheizt werden. Gern bestaunt man auch die grobporigen Bilder sogenannter Erlkönige, womit die nächste Generation der doofen Kisten angekündigt wird, um bei Mittel-Man schon mal das Portemonnaie wässrig zu machen. Erstaunlich an diesen Kreationen ist, wie es die Designer schaffen, an sich schon völlig inakzeptable Pissautos immer noch einen Hauch scheißiger aussehen zu lassen. Aber das stört Mittel-Man nicht die Bohne. Er kauft sich exakt dann einen neuen Wagen, wenn der Mittelwert des entgegenkommenden Verkehrs mehr als einen Monat jünger ist als seine Gurke. Dann heißt's Abschied nehmen vom Toyota Camry oder Skoda Oktavian. Ab mit euch nach Albanien!

MADIGE WAMPEN IN PRALLER SONNE

Deutscher Urlaub

Die schönste Form des deutschen Urlaubs ist das Einmarschieren: kein Schreibkram an der Grenze, keine Frauen und schicke Offroad-Fahrzeuge, um die Gegend zu erkunden. Heute ist der teutonische Besucher lieber *außen* braun und lümmelt als surfender Tagedieb mit Dekoblondine am Atlantikwall herum. Statt in der Dunkelheit das treue MG 41 auseinanderzunehmen wie sein brauner Ahn, fummelt der Wellenfuzzi lieber an der eigens mitgeführten Blondine herum. Das erotische Urlaubstreiben des deutschen Mannes in mittleren Jahren dagegen ist extrem reduziert: Neben einer blassen Kegelrobbe im Sand liegen und verdrängen, daß das gutmütige Tier die eigene Frau ist. Da der feiste Säuger selbst im Urlaub nicht besprungen werden will, bleibt als Sublimierung nur das Einnorden der einheimischen Domestikenschar: »Hömma Mustafa, Filterkaffee zack zack oder is schon wieder Ramadan!« Beliebter Austragungsort des Kanakenappells ist das Frühstücksbuffet. Hier können dem Levantiner mal gehörig die Leviten gelesen werden. Wenn die faule Bande besser gedrillt wäre, könnte man in 5 Minuten mit dem Frühstück durch sein, so verplempert der Urlaubsuffz ganze 6 1/2 auf die erste Mahlzeit des Tages und ist entsprechend geladen, wenn er an den Strand wackelt. Dort sind schon vor Sonnenaufgang mittels aufgelegtem Badelaken zwei Bräunungssassen requiriert worden, um die madigen Wampen der prallen Mittagssonne zu präsentieren. Doch schon nach einer halben Stunde UV-Bestrahlung schreien die geölten Körper nach frischem Pils, und aus jeder Sandburg sieht man die Broiler zur Strandbar schlurfen. Da trifft sich am späten Vormittag die Crème de la Crème deutscher Pauschalerholung: Mittvierziger, die sich mit irgendeinem Bandscheibenvorwand aus dem Erwerbsleben verpißt haben, und vor allem Unisex-Rentner-Ehepaare, die aussehen wie zwei alte Lesben – wobei der Mann eindeutig die Frau ist. So schleicht der Tag am Strand dahin im steten Wechsel zwischen Anbraten und Ablöschen. Selbst die Tagediebe mit den Bügelbrettern haben den Spaß am Gesurfe verloren und kaufen den Strandnegern gelangweilt falsche Calvin-Klein-T-Shirts ab. Alle warten nur auf den Höhepunkt der Halbpensionsbuchung: das große Fressen in der Dämmerung. Gewohnt, seine Portion stets zugeteilt serviert zu bekommen, scheitert der Deutsche am Überfluß der dargereichten Speisen. Alles will probiert sein, und das, was am teuersten erscheint, muß mengenmäßig überproportional vertilgt werden. So vergehen die letzten Stunden des Urlaubstages mit Magengrimmen und Blähungen, hochgewürgten Röhrenknochen und teilverdauter Retrospeise. Was Wunder, daß der scheue Freund Erotik auch an diesem Abend nicht zum Zuge kommt.

Berlin, historischer Stadtkern. Wurde Anfang der 90er Jahre leider vollständig vernichtet.

ZWISCHEN BOSPORUS UND BAIKALSEE

Berlin

Dort wo sich der mitteleuropäische Kulturkreis allmählich in den Weiten der ostzonalen Taiga verliert, lag das einstige Bollwerk der freien Welt: Westberlin. Gepeppelt von allerlei Schmankerln aus dem Bundeshaushalt hatte sich hier über vier Jahrzehnte eine faulige Mischpoche aus westdeutschen Wehrdienstschwänzern, schwäbischen Oberschülerinnen und steuerflüchtigem Kapital eingefunden. Dazwischen siedelten anatolische Schmurgelbuden und eine Art schmerbäuchiger Kampfhund, auch als Ur-Berliner bekannt. Jahrelang wars ganz schön lustig in Lummerland, da wurde Politik verfilzt, Heroin verköstigt und das Trottoir zugeschissen, daß es nur so eine Art war. Plötzlich 1989 ging der Vorhang hoch, und Sense war's mit dem Lotterleben. Unterm Brandenburger Tor stand nicht der Russki mit der Wumme, sondern schlimmer: das Verwandtenpack aus der Zone. Mit dem über 40 Jahre lang auswendig gelernten Spruch »Wir sind das Volk« schafften sich die DDR-Gefangenen Zutritt zu Aldi und zur Rentenkasse. Seither ist Berlin die Hauptstadt von Absurdistan. Im Schlagschatten der Currywurst reift hier ein protziges Regierungsviertel heran, mit dem die Deutschen noch einmal alles geben, bevor Europa die Staatsmächte zu Provinzheinis degradiert. Weltkonzerne rammen ihre potemkinschen Konzernzentralen durch die verstreuten GröFaZ-Gebeine am Potsdamer Platz, während in Tegel der letzte Direktflug in die USA gestrichen wird. Berlin will es noch mal wissen, träumt den Traum von der

Weltstadt, will wieder sein wie London und Paris. Dabei ist die Streusiedlung an der Spree eher auf dem Wege so zu werden wie Mexiko-City oder Sao Paulo. An der ersten Dönerbude in der freien Welt wird so mancher Schnauzevollhabender aus der Müllgrube des aufgelassenen Sozialismus für immer Halt machen. Nachdem die Apartheid in Europa abgeschafft wurde, ist Berlin schon heute zum größten Durchwanderer-lager des Kontinents geworden; für Leute, die 'ne billige Stereoanlage suchen das Paradies. Der Nischenberliner aus der Vorwendezeit ist eher abgetörnt. Ihm gefiel sein Spree-Athen als größte Kleinstadt der Welt. Wenn heute eine halbe Million versäumter Abtreiblinge hinter brüllenden Tiefladern her-wackelt, dann wird ihm schon die Molle sauer. Sein Berlin war der Ku'damm, piefigster Boulevard der Welt, das peinliche Europacenter und die scheißkaputte Kirche dazwischen.
Das war Weltniveau im Westentaschenformat. Aber direkt hin-term Zaun war eben die Hauptstadt der Tätärä, und im Ver-gleich zu dieser nordkoreanisch überarbeiteten Trümmerland-schaft sah der Wessihorchposten noch ganz passabel aus.
Mit der Zonenmetropole starb auch der Hochmut der Inselaffen. Heute überholt der Osten die Restberliner aus den westlichen Vororten am Ku'damm und macht aus dem ganzen Moloch eine moderne Stadt mit allen Problemen und Faszinationen einer wirklichen Metropole. Damit hat Berlin etwas, von dem so lächerliche Siedlungserscheinungen wie Köln oder München nicht mal träumen dürfen.

HERR SCHLUSCHE TRUG SEINE BRILLE NUR SEHR SELTEN. SAH ER MIT IHR INTELLIGENTER ODER DÜMMER AUS? WIE MUSSTE MAN DEN EINFLUSS DER BRILLE AUF DAS GESICHT DURCH DIE MIMIK KORRIGIEREN? FRAGEN ÜBER FRAGEN. EIGENTLICH TRUG HERR SCHLUSCHE SEINE BRILLE NIE, DA DAS ZUCKEN IM GESICHT IHN VÖLLIG KURZSICHTIG MACHTE.

TÄGLICHER KOTAU VOR DER MODERNE

Automatische Türen

Früher konntest du zwei Kilometer geradeaus gehen oder an die Straße pinkeln. Heute steht da 'n Fliesencenter oder 'ne Kindertagesstätte. Freiheit gibt es immer mehr nur noch als technisches Surrogat: Heute kannst du virtuell ins Internet strullen oder zwischen 80 Telefongesellschaften wählen. Na toll! Die eine war mir an sich schon lästig genug. Warum soll ich meine kümmerliche Restfreizeit damit verschlammen, die Anbieterprospekte von drei Dutzend Marketingärschen zu enträtseln, bloß um mit meiner Oma zu telefonieren? Freiheit heute meint: Such dir die Scheiße aus, in die du trittst. Primitivleistungen einer technischen Zivilisation wie das Telefonieren haben den Zenit ihrer höchstmöglichen Effektivität gerade überschritten. Willkommen in der Postmoderne. Neuestes Opfer des technischen Overkills ist das mechanische Schloß. Seit Jahrtausenden bewährt, verrichtete es an jeder Tür seinen bescheidenen Dienst, funktionierte immer und kostete nicht die Welt. Da aber gefiel es den Bekloppten, den treuen Schließkumpan gegen ein elektrisches Kästchen auszutauschen, in das man statt Schlüssel eine Plastikkarte einführen muß. Und schwuppdiwupp wurde aus einem simplen Schloß ein weiterer Nagel zu unserem Sarg. Vornehmlich in Hotelfluren zu besichtigen sind die verzweifelten Zeitgenossen, die nächtens vergeblich mit der Plaste in der Tür rumstochern, ohne daß die Drecksau den Weg freigibt. Mal liegt das Teil verkehrtrum, mal ist der Magnetstreifen durch aggressiven Handschweiß kontaminiert, meistens aber funktioniert die Blödmannskarte einfach nur nicht – ohne daß selbst die herbeigerufene Hotelkrampe ahnt warum. Drinnen lockt die Minibar mit ihren sündigen Vorräten, doch der Gast muß auf dem Flure darben. Was bewegt Hotelplaner dazu, aus entspannten Gästen wütende Furien zu machen? Die Lust an der Demütigung? Der unterschwellige Haß auf das Pack der Handtuchklauer oder einfach der allerorten grassierende Automatisierungswahn. Letzteres ist zu vermuten, denn auch eine andere archaische Eigenschaft der Tür geht zusehends verloren: die schlichte Eigenschaft, sie mit einem Handgriff zu öffnen. Was bei einem Linienbus noch sinnvoll erscheinen mag, erobert immer mehr auch die immobilen Eingänge: automatische Türen. Nichts mehr mit Klinke runter und ab durch die Mitte. Heute läuft man auf eine Tür zu und wartet, bis die arrogante Automatik sich herabläßt, das Loch aufzureißen. Es ist diese oft nur halbe Sekunde des Innehaltens, der Bewegungsunterbrechung, die ausreicht, einem das Gefühl der Abhängigkeit und Hilflosigkeit zu vermitteln. Der Mensch ist nicht mehr Herr der Tür, sondern ihm wird gnädig Einlaß gewährt. Nie, aber auch nie registriert das Lichtschrankenarschloch oder die Bewegungsmelderpottsau so rechtzeitig den Herannahenden, daß fließend weitermarschiert werden kann. Immer ist da der kurze Moment der Demütigung, der Kotau vor der Moderne. Warum kümmert sich der Vandalismus nicht mal um diese Dinge, statt immer nur Bushaltestellen kaputtzutreten. Unreflektierte Bande.

SAUFEN JA, ABER GEPFLEGT MUSS ES SEIN

Brunchen

Als das Saufen noch eine ehrbare Tätigkeit war, da ging man sonntags zum Frühschoppen und knallte sich die Hutze voll. Heute trifft man sich zum Brunchen, was nichts anderes heißt als Saufen mit Müsli. Jetzt ist nicht mehr nur der Papa hackebreit am siebten Tag, sondern Mama und die Gören haben auch zu tief ins Glas geguckt. Wunderschön als Familien-Event getarnt, gibt sich der Brunch als harmlose Festivität im Off-Shore-Bereich der Theke. Man flegelt sich nicht breitärschig ans Brett und pfeift die Kümmerlinge rein, sondern sitzt sauber aufgereiht am – bruharhar – Frühstückstisch und süppelt Schampus oder Kir Royal. Saufen ja, aber gepflegt muß es sein. Das Buffet mit Schleuderei und Hunderogen ist drum in erster Linie vortrefflicher Vorwand, den Pegel anzuheben. Damit die Puffbrause aber nicht im leeren Magen schwappt, wird gefressen bis der Hugo qualmt. »Brunch« kommt aus dem Idiom des Angelsachsen und bezeichnet den nahtlosen Übergang vom Frühstück zum Mittagessen, das heißt auf Deutsch: dem Müsli und dem Marmeladenbrötchen wird ohne Verdauungszäsur die Kohlroulade aufgesattelt. Mehr zur Zierde liegen noch allerlei exotische Früchte am Rande der Freßbank. Das Hauptinteresse der Bruncher gilt jedoch dem absurden Kompositum der aufgebahrten Fressalien: Rollmops mit Spiegelei, Bircherpampe an Spargelröllchen. Der sportliche Aspekt der ganzen Chose ist das frühzeitige Abräumen besonders teuer erscheinender Völlereikomponenten.

Gezielt fahndet der Gierschlund nach Wachteleiern und öligem Geshrimpe, nur um die Beute hernach am Luderplatz marmeladenverschmiert auf dem Teller zurückzulassen. Der Brunch ist eine Lebensmittelvernichtungsmaschinerie. Das liegt am Bezahlmodus der sonntäglichen Völlerei: für den einmal entrichteten Obulus dürfen unentwegt Attacken geritten werden auf's gefledderte Buffet. Völlig klar, daß beim mündigen Bescheuerten dann das Zählwerk rattert in der hohlen Birne: »Wieviel muß ich noch fressen, damit ich über 40 Mark komme?« Wenn dann bei 30 Öcken schon die Peristaltik nach dem Rückwärtsgang sucht, kann man bloß noch Beutestücke auf den Teller häufeln und am Tisch zu Mansche zerquetschen. Merkwürdigerweise gilt dabei immer noch der Lachs als Edelspeise, die zu ergattern sich besonders lohnt. Dabei wird das Unterwasserhähnchen seit Jahren schon mit Baggern aus den Fjorden geholt. Dennoch regiert ab 15 Uhr, wenn der Brunch zu Ende geht, der angenagte Lachslappen das zerzauste Buffet.
Jetzt heißt es auch für die abgefüllte Corona, den Heimweg anzutreten, um den Sonntagsrest mit Kacken und Furzen zu krönen. Schade, daß es noch kein Brinner gibt, den nahtlosen Übergang von Frühstück und Abendbrot, dann könnte man vollgefressen gleich ins Bett.

Stefan genießt die letzten warmen Sonnenstrahlen des Jahres.

FLACHER TROST NACH SOMMERREGEN

Der Oktober hat manchmal noch schöne Tage

Während El Niño dem Ami die Eier brät, beschert uns das Knäblein in fast jedem Jahr ein Feuchtbiotop, das den Namen »Sommer« nicht verdient. In den Sandaletten schießen eitel die Pilze aus den Zehenzwischenräumen, und auf den Cabrioverdecken siedelt das Moos. Sensible Mitbürger sehen schon Fische in der Luft, wenn sie das Haus verlassen, Volkshochschulen bieten Umschulungskurse für Kiemenatmung an. Der Sommer, diese heitere Zäsur in der lebensfeindlichen Umwelt Mitteleuropas, hat uns verraten. Millionen fliehen vor der Flut in die sengende Hitze Südeuropas oder gleich in die Deutsche Dominikanische Republik. Was aber ist mit jenen, die ausharren, wenn klar ist, daß nichts mehr kommt? Sie finden Trost in der ewiggültigen Doofenfloskel: »Auch der Oktober hat manchmal noch schöne Tage.« Sicherlich! Auch im Dritten Reich ist nicht alles schlecht gewesen und im Rentenalter soll es noch Sexualität geben. Im An-sich-Scheißigen den Lichtblick entdecken, das macht uns Deutschen so leicht keiner nach. Aber was schert mich der sonnige Herbst, wenn im August die Grillkohle ersäuft. Vertikales Schwimmen ist kein Ersatz fürs Freibadvergnügen, und den virtuellen Biergarten im Internet können sich die Netzbetreiber in die Haare schmieren. Sagen wir es, wie es ist, ohne zu beschönigen: Sommer, du bist eine dumme Sau! Die Sackgasse des allein vernunftgesteuerten Verhaltens verbietet dem modernen Menschen leider archaische Wutausbrüche, wie sie angebracht wären, um das seelische

Gleichgewicht wieder zu erlangen. Statt sich in den lauen Oktober zu vertrösten, sollten auf öffentlichen Plätzen Badeanzüge verbrannt werden. Spontane Weihnachtsmärkte mit Glühwein und Lumumba zeigten der arroganten Witterung, daß wir auf herbstliche Gnadensonne keinen Wert legen. Da hauen wir uns doch lieber in der Eisdiele 'ne Erbsensuppe rein und erleben die winterliche Erotik der Bama-Roßhaarsocke. El Niño, du Dreck, uns ersäufst du nicht. Und wenn die Sonne noch einmal hinter der Wolkendecke hervorkriechen sollte, pah, dann gehen wir rein und lassen die Jalousien runter, schmeißen die TUI-Karibik-Cassette in den Player und zischen eine Dosen-Caipiriña von Aldi. Trostsonne, du kannst uns mal! Entweder der Sommer läuft im nächsten Jahr ordnungsgemäß ab, oder wir gehen gar nicht mehr aus'm Haus. Ätsch, blöde Natur. Dann werden wir nämlich den ganzen Gammel hier in einen Centerpark verwandeln, Laster Sand rein, fertig ist die Chose. Dann basteln wir uns den nächsten Sommer eben selbst. Die Atomkraftwerke angeheizt, und schwuppdiwupp ist die Bude warm, und zwar vorhersagesicher. Überhaupt die Schweine vom Wetterbericht! Früher wurden die Überbringer schlechter Botschaften getötet. Gut, dahin will keiner zurück, aber für die Verbreiter falscher guter Nachrichten (»ab Mittwoch wird es endgültig warm«) würde man sich eine drastische Vorgehensweise schon wünschen. Vielleicht gibt es ja doch den Wettergott, der durch die eitle Vorhersagearroganz des Menschen erzürnt ist und nun beschwichtigt werden muß, damit's im nächsten Jahr wieder warm wird. – Okay, wir opfern Kachelmann, dann wird der nächste Sommer wieder so wie ein Sommer sein soll. Und auf die, bruharhar, »schönen Tage im Oktober«, da pfeifen wir doch! Ätsch!

HERR SCHLUSCHE BESASS ZWAR EIN TOUPET, TRUG ES ABER NUR SEHR SELTEN, WEIL ER FAND, DASS ES NICHT ZU SEINEM ANDEREN HAAR PASSTE.

DAS SOLL DANN SOWAS SEIN

Hamburg

Hamburg gehört zu den fünf Städten in Deutschland, bei denen die Einbildung der Bewohner der real existierenden Attraktivität um ein vielfaches voraus ist. Was findet er denn eigentlich so spitzenmäßig an seiner Gemeinde, der Hamburger? Zuerst einmal: St. Pauli! Na toll! Haben wir gelacht. Unter einer hauchdünnen Schicht verblichener Hans-Albers-Romantik blicken wir in ein Kriminellen- und Asozialenviertel voller häßlicher Gebäude und überhöhter Bierpreise. Stände der ganze Scheiß in Unna würden alle sagen: »Typisch Provinz!« Dann gibt's noch den Hamburger Michel, auch nix Dolles, im Grunde nur irgendeine von diesen leeren Kirchen, wie sie überall wertvollen Parkraum in den Innenstädten verbauen. Der Hamburger Dom hingegen ist überhaupt keine Kirche, sondern eine prollige Kirmesveranstaltung. Verkehrte Welt des Elbanrainers. Ach ja, beinahe vergessen: Den Hamburger Hafen gibt's ja auch noch, warum auch nicht. Aber muß man deshalb ein feuchtes Gewerbegebiet romantisch verklären! Feiert Uelzen etwa jedes Jahr den Geburtstag seiner Zuckerrübenfabrik? Der Hamburger aber ist ein unverbesserlicher Sehnsuchtsheini, jeder Piss wird zur maritimen Folklore hochgeschwiemelt. Irgendwie blickt jeder der zwei Millionen Fischköppe im Geiste immer auf's Meer hinaus. Witzig, denn diese Stadt da oben liegt eigentlich nicht für zwei Pfennig am Meer, bei näherer Betrachtung genausoweit im Binnenland wie z. B. Neubrandenburg. Das hindert den Hamburger aber nicht daran, das ganze

Arsenal maritimer Horrorfolklore abzufeuern: Shantychöre, ausgestopfte Fische, alberne Halstücher, doofe Mützen, rostiges Eisen und alles voller Netze: ewig singt die Haifischbar!
Auf Segelschiffen faulige Zwiebäcke fressen oder unter Deck stinkende Heringe ausnehmen, das ist touristisch schon hundertprozentig durchgeschwiemelt. Jetzt können die Elbkasper sich daran machen, die Containerschiffahrt folkloremäßig aufzubereiten. Bald singt der Shantychor vom armen philippinischen Kuddel, dem ein 40-Fuß-Container auf die nicht versicherten Stelzen gefallen ist, de Masten so scheep es den Schipper sien Bein, to my hoday, to my hoday! Der Hamburger identifiziert sich jedoch nicht nur mit der ideellen Gesamt-Fischfrikadelle, sondern ist auch noch »Hanseat«. Was soll'n der Scheiß nun schon wieder? Die Hanse war ein mittelalterlicher Krämerverein, der mit gerade mal schwimmtauglichen Äppelkähnen im wesentlichen auf der Ostsee herumkajohlte. Wenn ein Hamburger heute »hanseatisch« sagt, meint er damit aber was anderes: unterkühltes Understatement! Logisch, hitzige Lebensfreude ist in dem Regenloch an der Unterelbe auch schwerlich zu entwickeln. Der Mann trägt gerne Nadelstreifen, und die Frauen sehen alle so aus, als ob in der Popeline-Abteilung von Jil Sander Ramschverkauf gewesen ist. Zu den gerne verbreiteten Märchen über Hamburger Deerns gehört, unter dem adretten Vorzimmer-Outfit schlummere irgendwas – glutheiße Leidenschaft zum Beispiel. Sagen wir so, ich will's mal hoffen für die Hamburger. Wenn nicht, können sie ja immer noch in die Herbertstraße gehen oder sich beim ewig überschätzten FC St. Pauli das Hanseatische aus den Rippen schwitzen.

U-BEKLOPPTE UND U-BESCHEUERTE AUF FEINDFAHRT

Tauchen

Wo sind Tante Ilse und Onkel Alfons denn dies' Jahr im Urlaub?« – »Tauchen in Sharm-el-Sheik!« Kaum eine deutsche Hämorrhoide, die noch nicht an einem Korallenriff geschlitzt wurde. Papa und Mama orgeln wie die besoffenen Seekühe durch die Weltmeere, um sich das Nachtprogramm des ORB im Original anzuglotzen. Was treibt den schlichten Normo dazu, aus seiner natürlichen Urlaubsumgebung Bad Lauterberg auszubrechen und wie weiland der lederne Jacques Cousteau in tropischen Gewässern zu gründeln? Niemandem scheint es mehr einzuleuchten, daß für ihn der Schöpfer nichts weiter im Lebensplan vorgesehen hat als den Job der Außendienstwanze im Oberbergischen. »Das kann doch nicht alles gewesen sein, Mutti. Schau mal dort im magischen TV-Gerät: die tausendjährige Runzelqueen Adolphine Riefenstahl, sogar die geht noch Tiefseetauchen. Los Mama, wir buchen vierzehn Tage Dominikanische und gucken uns mal die bunten Fische an.« Und so hängt zu Tausenden das teutonische Senkblei zwanzig Faden tief in der karibischen See. Im Gefolge der alles wieder richtenden Apparatemedizin ist keine Extremsportart mehr davor gefeit, vom durchschnittlichen Kartoffelchipsfresser überrannt zu werden. Die feisten Klöße purzeln aus Flugzeugen, kraxeln durch die tibetische Klamm oder lassen sich von Negern durch die Wüste tragen. Alles ist für jeden da auf dieser schönen Welt. Warum nicht auch die submarine Pracht. Zumal der Deutsche seit Admiral Dönitz Tagen ohnehin geprägt ist auf alles Unterseeische. Wo einst die stolze U-Bootwaffe der Schrecken aller Meere war, da blubbern jetzt Tante Ilse und Onkel Alfons an fremder Länder Gestade. Und wenn ein Rudel deutscher Seewölfe einen Geleitzug Papageienfische sprengt, dann ist es wieder fast so romantisch wie damals. Die Marinekameradschaft U-216 heißt heute neudeutsch Scuba-Diving-Club Sennestadt, ist mehr oder weniger harmlos, aber genauso auf allen Weltmeeren zu Hause. Jedes Jahr wird ein neues Fähnchen aufgepflanzt, alles abgegrast, wo's irgendwie nach bunten Fischen riecht: Malediven, Seychellen, Komoren, Great Barrier Reef und was es sonst noch so an zertrampelbarer Meeresfauna gibt. Dabei geht's nur dem Neuling um die bunten Fischelein. Der Scuba-Profi schlenzt am Nylontampen in die Tiefe und ermittelt bei 50 Metern unter der Meeresoberfläche die genaue Ortszeit in Singapur. Im Themopren-Saitling eingezwängt glotzt das Taucherrudel wie gebannt auf die wasserdichten Casios. Wie in allen hippen Freizeitbeschäftigungen dreht sich sowieso alles nur um die Ausrüstung. Welche Brille, welche Flossen, welche Flaschen? Scheiß was auf die Fische. »Und wo waren Sie im letzten Jahr? St. Lucia! Ach du Scheiße, ist doch alles schon kaputt. Boa Boa müssense hinfahn, das hält noch zwei Jahre. Onkel Alfons und Tante Ilse waren vor fünf Jahren da, da war natürlich alles noch unberührter.«

Erlkönige auf der B6 erwischt. Was hat Ferdinand Piëch schon wieder vor?

QUADRATUR DES SCHEISSES

Ökoautos

Früher war das Gute schlicht das Gegenteil vom Bösen, heute ist es Das-nicht -ganz-so-Schlimme. In der Welt der Bekloppten und Bescheuerten wurde so der Müll über Nacht zum wertvollen Rohstoff, ein Haufen leergesoffener Bierdosen ratzfatz per Werbeindoktrination zum Erzlager hochgeadelt. Noch vor Jahren züngelte die Ökobewegung geifernd gegen jede Form des motorisierten Individualverkehrs, heute bastelt sie selber am Ökoauto rum. Nur für die Verwendung des Wortes wäre man in den Achtzigern bei Greenpeace noch auf der Rainbow Warrior Kiel geholt worden, heute schreit der Zausel nach der Dreiliter-Knuddel-Kiste. Wenn es überhaupt ein Öko-Auto gibt, dann die S-Klasse von Mercedes. Die Kisten sind so schweineteuer und fressen so viel Sprit, daß der Nutzerkreis schon dadurch eine natürliche Begrenzung erfährt – die Ökogesamtbilanz mithin nicht schlecht aussieht. Worin aber liegt der Sinn, ein Auto zu fordern, daß das Autofahren qua reduziertem Verbrauch billiger werden läßt? Es werden mehr Autos verkauft, und die Leute bügeln noch mehr und öfter sinnlos in der Gegend rum. Na großartig! Wenn dann auch noch alle alten Kisten, die mehr als fünf Liter fressen, verboten werden, wandern 15 Millionen Energieträger auf den Müll oder hauchen hinter der Oder ihr verrostetes Restleben aus. Gesamtbilanz des Öko-Schwachsinns: Autoabsatz gesteigert, Benzinverbrauch landesweit angestiegen, Straßen noch verstopfter, noch mehr Menschen noch toter. Juppheidi, sagt sich da der Autohersteller und macht 'ne Spende locker für Greenpeace und Konsorten – besser geht's ja gar nicht. Letztlich ist es der Wahn vom 1A-Ökoleben, der die Tofutucken in die selbstverschuldete Unmündigkeit treibt. Denn: Wie man's auch dreht und wendet, Autofahren ist 'ne Sauerei, da wird der Siff in die Bäumchen gehustet, und ab und zu sintert auch das Getriebeöl ins Bächlein. Keine schöne Sache, und die Gelbbauchunke könnt' das Kotzen kriegen. Der Mensch ist nun aber mal 'ne alte Drecksau, der die Natur über kurz oder lang rasieren wird. Aber mir ist es allemal lieber, die letzten Ölreserven dieser Welt wandern in den unersättlichen Blechbauch eines Strich Acht oder in die löchrigen Gedärme eines Granada V6 als wenn tausend kleine Knuddelautos damit doofe Kinder zum Squashtraining bringen. Autos sind nunmal böse, und die wirklich scharfen Kisten lassen sich nicht zum Hahnrei katalysieren. Ich ziehe meine Meinung nur zurück, wenn ich den ersten tiefergelegten Öko-Twingo mit versauten Aufklebern sehe. Das würde mir den Glauben an das Schlimme wiedergeben.

ALS KIND HATTE HERR SCHLUSCHE EINMAL MONATELANG EINE AUGENBINDE TRAGEN MÜSSEN, UM DIE ENTWICKLUNG DES ANDEREN AUGES ZU FÖRDERN. ERST NACH WOCHEN WAR ES IHM DAMALS GELUNGEN, DIESEN UMSTAND NICHT ALS MAKEL ZU EMPFINDEN. GESTERN, ALS ER DIE BINDE WIEDERGEFUNDEN HATTE, WAR HERR SCHLUSCHE DAGEGEN IN SEKUNDEN ZUM EINSAMEN KORSAREN GEWORDEN.

ALLGEGENWART DER FASELFUNKE

Handy

Irgendwann kommt der Tag, da hast du einfach Bock drauf, vor einem Restaurant wie ein nierenkranker Puma hin- und herzulaufen und immer zu murmeln: »Moment, das muß ich erst noch mit New York besprechen.« Okay, aber wenn du das machst, kommen ruckzuck die weißen Männer und schmeißen dich hinten in ihren Kombi rein. Was tust du also? Du kaufst dir ein Handy, damit kannst du so ziemlich jeden Scheiß für normal verkaufen. Z. B. kannst du auch während eines stinklangweiligen Meetings dein Handy in die Hose stecken und dich alle Viertelstunde von deiner Sekretärin anrufen lassen, aber nicht drangehen. Es gibt ja jetzt diese Geräte, die nicht klingeln, sondern bloß noch vibrieren – alles klar!? Und dann wow, wow, wow, bist du mit einem Handy überall und immer erreichbar. Wenn der Pupsimarkt bei dir an der Ecke das Pfund Grillrippe für 1.98 DM auf'n Markt schmeißt – super, legt er dir das Angebot eben auf dein Handyfax. Arm dran sind die, die noch keine Faselfunke haben und plötzlich die protzige Hilfsbereitschaft eines Handyheinis reingewürgt kriegen. Du fragst jemanden harmlos nach dem Weg. Schon zückt er die Handquatsche und legt los: »Einen Moment, ich hol mir über meinen Server die GPS-Daten von dieser Straßenecke hier, der vergleicht das mit der NASA-Netzkarte von Mitteleuropa, inner guten Stunde ruft mich meine Mailbox an, und wir wissen Bescheid, harhar, bin ich ein cooler Stecher.« Dabei wolltest du bloß wissen, wo hier ein öffentliches Scheißhaus ist, und da ist natürlich eine Stunde

Rechenzeit kampfentscheidend, würd ich mal sagen. – Die normale Weltsicht des Handyman ist allerdings nicht auf Hilfsbereitschaft gepolt. Da gibt es erstmal ihn und sein blödes Handy, und dann existieren da noch ca. fünf Milliarden Schwachmaten auf der Welt. Die sitzen irgendwo doof herum, haben nix zu tun und warten auf seinen Anruf. Diese etwas egozentrische Annahme verführt den Behämmerten dazu, wegen wirklich jedem Scheiß bei anderen Leuten anzurufen: »Du Schatz, ich sitze hier gerade im ICE auf der Toilette und wollte dir nur sagen, daß du kein Papier einkaufen mußt – ich versuch was ausm Zug zu klauen.« Noch schöner, einen der Fredis inflagranti zu ertappen, wie er seine mordswichtigen Anweisungen um den Globus schickt. Oper. 1. Akt. 2. Reihe. Dritter Blödmann von rechts: »Hallo, Herr Pannowak, hier Dr. Blödmann, ordern Sie bitte dreißig rosa Flachheizkörper Modell Brigitte mit gekröpftem Auslaßventil Hugo 2.« Vor Ehrfurcht zuckt der unfreiwillige Ohrenzeuge im Theatersessel zusammen: Bibber! Das also ist der Herrscher über das Auslaßventil Hugo 2. Meine Fresse, muß der was zu melden haben. Flachheizkörper Brigitte olala. – Nun ist aber Handybesitzer nicht gleich Handybesitzer. Da gibts das analoge C-Netz, riecht 'n bißchen nach Ostblock-Technik, ist aber quasi der alte Adel der Wireless Society. D 1 und D 2 tun sich nix. Komisch ist nur die schlüpfergrüne Fernquatsche von E-plus. Die Versager-Funke schlechthin – wird nur benutzt von Studenten, Arbeitslosen, Frauen und SPD-Mitgliedern, also vom Gesocks. Das Teil kannst du gerade noch auf'm Sozialamt bringen, auf'm Arbeitsamt reicht das schon, daß du nie wieder einen Job kriegst. Das Ding ist so weit hinten, das wird dir schon vom vietnamesischen Zigarettenhändler vorm Bahnhof angeboten.

POPULÄRE ABDECKUNG DES KLEINHIRNS

Doofenkappe

Viele Arten gibt es, den anderen zu zeigen »Guck mal, ich bin doof« – die sicherste ist und bleibt das Tragen von Kopfbedeckungen. Einst ersonnen, um den Einfluß der Witterung auf die Gestaltung des Haupthaares zu zügeln oder Keulenhiebe des Nächsten abzufedern, dienen sie heute vornehmlich als Kennzeichnungshilfe des Bekloppten. Ganz sicher, einen solchen vor sich zu haben, kann man sein, wenn er auf seiner Baseballmütze »N« und »Y« übereinandergestickt trägt. Natürlich war dieser Hampelmann weder in New York noch weiß er überhaupt, daß diese Stadt mit dem Kürzel gemeint ist. Bei dem Signet »San Francisco Fistfuckers« mag er zumindest noch gutgläubig an eine dort ansässige Baseballmannschaft denken und stülpt die Kappe über die Rübe. Das merkwürdige Ding insgesamt ist zur Standardmütze aller Blödiane geworden, weil sie den abschüssigen Hinterkopf so schön betont und der überdimensionierte Schirm an die Augenwülste unserer Vorfahren erinnert. Dem Träger nimmt man gerade noch den homo erectus ab, den sapiens schon nicht mehr. Der trendige Jugendliche mitsamt alternder Szenegefolgschaft war sich dieses Makels wohl bewußt und trägt die Doofenkappe seither verkehrt herum – wohl auch um sich von der normalen Dumpfbacke zu unterschieden. Doch ha! Er tappt in die nämliche anatomische Falle der Hominidenmütze: Auch andersherum getragen betont das schlichte Kleidungsstück die Verwandtschaft mit den Kollegen aus der Oldoway-Schlucht:

diesmal fliehende Stirn und speckiger Nacken. Ganze Popmusikerhorden outen sich hier mit einfachsten Mitteln als Primitivlinge. Verkehrtherum getragen hat das Idiotenteil zusätzlich den peinlichen Nebeneffekt, daß die Plastikschnalle auf der Stirn eine krebsrote Vertiefung hinterläßt, die noch Tage nach Ablegen der Mütze den gelegentlichen Träger kenntlich macht. Mit diesem Kainsmal auf der Stirn enttarnt sich der brave Angestellte noch im Bürojob als Feierabendjugendlicher. Es ist kein Zufall, daß ausgerechnet diese Kopfbedeckung in Amerika entstand. Ständig darauf bedacht, kulturell in Richtung Halbaffe zu regredieren, hat der Durchschnittsami schon früh die Baseballkappe auch im Alltag für sich entdeckt. Die Herrschenden zogen nach, Präsidenten, Generäle: sie alle machten sich zum Gespött der Welt. Jahrelang konnte ich nicht glauben, daß General Eisenhower zu den Siegermächten des Zweiten Weltkriegs zählte. Ich war fest davon überzeugt, daß es sich um einen besonders fiesen deutschen Militär handeln müsse, dem die Alliierten zur Strafe die Eselsmütze aufgesetzt hatten. Letztlich bleibt uns die Kultur des Amerikaners ewig fremd und will nur behutsam importiert werden. Nur – mit der gleichen Arroganz, mit der die Amis auch außer Landes ihren Heimatkopfschmuck herumtragen, könnten sich auch mal deutsche Repräsentanten bei ihren USA-Visiten zeigen. Warum trägt Hannelore Kohl nicht mal beim Dinner im Weißen Haus wie selbstverständlich einen Stahlhelm? Das wär doch mal was.

Endlich fertig! Die letzten Handwerker haben mit einem launigen Scherz soeben das Haus verlassen.

KAMPF GEGEN AUSSERIRDISCHE

Wir bauen uns ein Haus

Wir bauen uns ein Haus. Ei, wie macht man das denn bloß? Man geht zu all den netten Maurern, Klempnern und Zimmerleuten und bittet sie, ihre wohlfeile Kunst auszuüben. Von wegen! Man geht als erstes zum Arbeitsamt und sucht einen tollwütigen Frührentner – gerne DVU-Mitglied, ehemaliger Fremdenlegionär mit eigenem Pitbullterrier. Diesem netten Zeitgenossen richtet man auf seinem Grundstück eine Wachstube ein. In einem anderen Winkel des zukünftigen Gartens werden Handwerkerpuppen aufgeknüpft. Jeden Tag während der Frühstückspause beginnt der Frührentner mit seinem Voodoozauber und drischt mit einer schründigen Dachlatte auf die Puppen ein. Nach Feierabend werden von ihm anspornende Parolen auf die ungeputzten Wände gesprüht. Zum Beispiel: »Wer nicht kommt zur rechten Zeit, dem haue ich den Schädel breit« oder »Montageschaumbenutzer haben einen kurzen Pimmel«. Dazwischen hängen Schaubilder mit den häufigsten Kettensägeunfällen. Jede Woche wird der lahmarschigste und unzuverlässigste Handwerker bestimmt und mit Bild und Adresse außen am Bauzaun ausgehängt, Maurer, die auf 5 cm genau arbeiten, nehmen an der Verlosung eines Kleinwagens teil. Jeder Zimmermann, der neben dem achtzölligen Nagel noch andere Befestigungstechniken kennt, muß mit »Großer Meister« angeredet werden. Sobald alle Handwerker im Laufe des Vormittags eingetroffen sind, wird der Pitbullterrier auf dem Baugrundstück freigelassen und mit

Wurststullen auf die Anwesenden geprägt. Damit kein Schlendrian aufkommt, wirft der tollwütige Bauwart immer wieder mal mit einer Brechgasgranate in den Rohbau. Täglich bei Schichtende ist Abnahmeappell. Keiner verläßt den Bau ohne Stempel. Bei schlampig ausgeführten Gewerken wird nachgesessen oder in schlimmen Fällen ein Wochenendausgangsverbot angeordnet. Tadellos verrichtete Aufträge werden an Ort und Stelle mit Tausendmarkscheinen belohnt. Das klingt nach viel, ist aber ein Nichts gegen den langfristigen Schaden verdeckter Schlampereien. Sollten einige Auftragnehmer die unangenehme Eigenart haben, des öfteren gar nicht erst auf der Baustelle zu erscheinen, empfiehlt es sich, eine kleine Feldjägertruppe aufzustellen. Dazu eignet sich am besten das übelste Gelichter, dessen man habhaft werden kann: komplett tätowiert, auffällige Narben im Gesicht und Autos mit plump gefälschten Kennzeichen. Aufgrund der engen Grenzen, die das Strafgesetzbuch für Privatarmeen vorsieht, reicht es oft schon, wenn diese Jungs vor den Privathäusern säumiger Klempner und Tischler auf und ab fahren. Hilfreich ist es auch, sich rechtzeitig ein paar Schweinereien – Steuerhinterziehung, Ehebruch o. ä. – aus dem Privatleben der Handwerker zu besorgen. So kann man sie leichter erpressen, wenn sie nicht spuren. Beachtet man all diese Regeln, ist das Häuslebauen selbst in heutigen Zeiten noch möglich. Steht das Eigenheim, wird man von mindestens 50 Leuten bis zu seinem Lebensende gehaßt. Sei's drum, sie hätten einen sowieso gehaßt, weil man ihnen einen Auftrag erteilt hat.

ALS KLEINER JUNGE HATTE SICH HERR SCHLUSCHE IMMER GEWÜNSCHT, ERWACHSEN ZU SEIN. AUCH ALS ERWACHSENER HATTE ER VON SEINER HOFFNUNG IN DIE ZUKUNFT NICHTS VERLOREN. JETZT WÜNSCHTE ER SICH, TOT ZU SEIN.

PENNYMARKT MIT GLEISANSCHLUSS

Wegbereiter der Moderne: die Bahn

Langsam, unpünktlich, häßlich! Na, wer fällt einem da ein? Richtig! Die Bahn. Wer nicht gerade im ICE auf einer Neubaustrecke unterwegs ist, zuckelt wie weiland der Kaiser durch's Reich. Von der mitteleuropäischen Zeitmessung hat man sich auch weitgehend emanzipiert. Bester Witz: Bis zu fünf Minuten Verspätung gelten bahnbetrieblich noch als pünktlich. Nun überlegt man, an allen Bahnhofsuhren die großen Zeiger abzuschaffen, um den Kunden nicht weiter zu irritieren. Statt sich um die eigentliche Aufgabe zu sorgen – nämlich Menschen zuverlässig von A nach B zu verfrachten –, widmet sich der kranke Mann auf dem Gleisbett lieber der ästhetischen Irritation seiner Kundschaft. Unvergessen sind die dünnschißfarbenen Polstergruppen in der ersten Intercity-Generation. Geradezu ein Klassiker widerwärtiger Inneneinrichtung wurde das Bistro im Interregio. Stilsicher ist die Kontaktzone einer thailändischen Striptease-Bar nachgebildet. Niemanden würde es wundern, träte die Zugbegleiterin im Stringtanga ins Coupé und schubberte ihren Venushügel an einer der vielen Messingstangen im Raum. Weitere Kennzeichen dieser zeitlosen Ästhetik des gewollt Modischen sind die witzigen Tischlein überall, an denen man sich je nach Montagehöhe die Rippen oder das Gemächte stauchen kann. Das gesamte polygone Mobiliar inklusive gold bedampfter Spiegelscherben ist so zusammengeschraubt, daß es einem Höchstmaß an Vibrationen ausgesetzt ist. Das Bistro-Design der Bahn AG wurde oft kopiert – jedes zweite Hotelzimmer im Lande sieht mittlerweile so aus –, echt ist es aber nur, wenn alles vor sich hinrappelt. Auch nicht von schlechten Eltern ist die Außenhaut des rollenden Materials. Zwei Prinzipien scheinen den Colorgestalter der Züge zu regieren. Erstens: Jede Farbe muß in sich schon richtig scheiße aussehen: Schlüpferblau, Lungendurchschußrot oder Schimmelgrün sind da die Favoriten. Und zweitens: Das Farbkonzept muß so oft geändert werden, daß kein Wagen zum andern paßt geschweige denn zur knallroten Spielzeuglok. Endziel ist der komplette Zug als unaufgeräumter Tuschkasten. Das ist fast erreicht, also kann man sich dem Bahnsteig zuwenden. Wo früher der Fahrplan in der schlichten Glasvitrine seine knallharten Infos rüberbrachte, steht nun ein überlebensgroßer Alleinerziehender aus Eisen mit Zettel im Bauch. Hahaha, ist ja auch viel lustiger, hat sozusagen mehr Fun. Warum da nicht gleich einen Plastiksaurier auf den Perron gestellt. Und wenn man wissen will, wann der Zug fährt, glotzt man dem Iguanodon ins Arschloch rein. Das ist doch noch lustiger und eventmäßiger, oder nicht, liebe Bahn AG? Als Krönung der ganzen Retusche werden schlußendlich die Bahnhöfe selbst ins Ballaballa-Design überführt. Aus den Kathedralen der Technik sollen Zug um Zug so eine Art Pennymärkte mit Gleisanschluß werden. Ist das erst erreicht, kommt die Bahn noch unpünktlicher, um die Verweildauer im Shoppingcenter zu erhöhen. Und irgendwann fährt gar kein Zug mehr ab vom Bahnhof und niemandem fällt es auf.

SZENESPASS FÜR POPCORNFRESSER

Kino, Kino

Wer zu Hause hockt und den Abend vor dem Scheinwerfer verbringt, ist ein langweiliger doofer Sack. Niemals liest man in einer Kontaktanzeige etwa: »Ich sehe gerne fern.«
Der Gang ins Kino hingegen gilt lifestylemäßig als erotisch und kulturell wertvoll, wenn nicht gar als Event. Dabei gibt's da gar keine lehrreichen Tierfilme und Wirtschaftsmagazine, sondern in der Regel blödes Entertainment vom Großen Bruder. Warum empfindet der moderne Freizeitmensch es schon als Erlebnis, in Popcorngestank und Geschubse kalkulierte Emotionen nachzuerleben? Gut: Das eigene Leben ist da sicher keine Alternative, aber im Fernsehen gibt's doch schöne Sachen: Chinesische Spielfilme aus der Zeit der Kulturrevolution oder MDR-Riverboat – welch seltsamer Blick in die Abgründe der menschlichen Seele. Wie gähnend langweilig ist dagegen der neueste Ballerschinken mit Bruce Willis. Das hält den hippen Citystromer aber nicht von der Rezeption fern. Denn die wahre Passion des Kinobesuchers ist ja gar nicht der Anblick des Celluloids und der damit verbundene stille Genuß, sondern die anschließende Nacherzählung des Films an Unschuldigen.
Ich weiß, die Duldungsstarre beim Zuhören des normalen Mitmenschgesabbels hält schon eine Menge Sühnepotential für begangene Straftaten bereit. Der nacherzählte Kinofilm jedoch gehört in die Hall of Fame ödester Erzählprosa aller Zeiten. Selbst die Prahlhans-Anekdötchen säugender Jungmütter sind noch prickelnder als wenn dir der Kumpel sein Kionoerlebnis

vom Vorabend hochwürgt. »Bruce Willis spielt da sonen Typen, der da irgendwie in Schwierigkeiten is, eine Szene weiß ich noch: typische Gegend in LA, Demi Moore hat den andern verlassen, also nich Demi Moore, sondern die eine, die sie da spielt, da kommen die Typen, wo die mit verfeindet sind und erst im Bus und dann alle Mann in ihre Wohnung, bis Bruce Willis die Faxen dicke hat.« Keine militärische Verschlüsselungstechnik kann eine Information dermaßen perfekt unkenntlich machen wie das Beklopptengebrabbel einen Kinofilm. Der inhaltistische Berichterstatter ist dabei noch die erträglichere Variante. Daneben gibt's auch noch den Cineasten: »Bruce Willis, Halbtotale. Cut: die Typen im Gegenlicht, Babababababbb, Slomo Demi Moore, die Typen, Cut, Bruce Willis, Cut, Babababababb, Close Up Pump Gun, Bruce Willis, SteadyCam hinter Demi Moore, die Typen, bababababbb …« So muß der erste Bote König Atahualpa von der Ankunft der Spanier in Mexiko berichtet haben. Damals gab's ruckzuck die Rübe ab, wenn dummes Zeug gelabert wurde, heute denkt man voll Sehnsucht an seine spannende Steuererklärung und wartet bis sich die Lippen beim Erzähler für einen Moment nicht mehr bewegen. Dann fischt man nach einem Strohhalm, um sich aus der schlammigen Prosa zu befreien: »Du, toller Film, aber ich muß noch meinen Sarg tapezieren, weißte ich geh kaputt. Bis demnächst, wir telefonieren.« Nichts wie weg! Welchen Eindruck muß ein Blinder haben, der Kinofilme nur aus den Erzählungen seiner Bekannten kennt? Augenlicht macht blöd!

Deutsche Einsatzkräfte in Zivil. Schicke Freizeitkleidung läßt sie in der Bevölkerung untertauchen wie Fische im Wasser.

GRÜNE MÄNNCHEN LEBEN MITTEN UNTER UNS

Polizisten

Der Polizist, der hat's nicht leicht. Er verdient wenig Geld und muß sich mit lauter Antipathieträgern rumschlagen. Erschwerend hinzu kommt die äußerst unkleidsame Tracht. Wie Insassen anderer schäbiger Uniformen auch – die Lohnsklaven von Mac Donalds oder UPS etwa – guckt die Ordnungsmacht immer leicht belämmert aus der Wäsche. Wer könnte es ihr verdenken. Seit der damalige Innenminister Segelohr Genscher der Polizei bundeseinheitlich die Östergard-Fummel verpaßte, bleibt den Wachtmeistern wenig Nettes in ihrer Umgebung. Seine ganze ästhetische Brutalität entwickelt der Zwirn jedoch erst an der Bullette. Unkleidsamer hätte auch ein Traktoristinnenkombinat in der Zone seine weiblichen Werktätigen nicht gewanden können. Die grün-bräunlichen Klamotten sitzen vorne und hinten nicht und auf dem Kopfe wackelt ein Hubschrauberlandeplatz, der schon dem gröberen Männerschädel nicht zur Zier gereicht. In dieser Kirmesuniform schreitet der Polizist nun zu seinem Dienstfahrzeug. Da kommt der zweite Hammer: ein weiß und quietschegrün angepinselter Mittelklassewagen aus dem Regal der Massenhersteller. Würg! Darin möchte man nun wirklich nicht gesehen werden. Wenig besser stehen die Motorradpolizisten da: auf greller Gummikuh in Laubfroschpelle an der Kreuzung rumstehen ist auch nicht das, wovon der Biker träumt. Ja, das Los der Beamten wäre ein tristes, gäbe es nicht die Reiterstaffel. Ein Klepper macht 'ne Menge mehr her als ein Opel Vectra und hat zudem den Vorteil, daß man ihm die Kruppe nicht hellgrün und weiß lackieren kann. Auch zwingt der Einsatz im Sattel zu einigen Retuschen an der Standarduniform: Reithose und Stiefel sehen schon besser aus als der normale Schinkenbeutel mit den Deichmann-Tretern. Kommt bei Regen noch der lange Reitmantel hinzu, könnte man schon fast durch die Marlboro-Reklame hoppeln. Das Begleittier unterm Ordnungshüter stimmt auch den Passanten gelassen und heiter beim Anblick der Exekutive. Da nun nicht alle häßlichen Dienstfahrzeuge durch ansehnliche Gäule ersetzt werden können, um die Welt ein wenig fröhlicher zu gestalten, könnte sich der Polizeipräsident ja was anderes überlegen. Wie wär's mit weißen Mäusen, die den Beamten auf der Schulter hocken, oder lustigen Kaninchen auf dem Beifahrersitz? Denn ein Tier am rechten Ort mildert allemal das rigorose Auftreten der Staatsmacht. Und dort wo der Kleppergard' allein aufgrund der Größe der Einsatz verwehrt ist – bei der Hausdurchsuchung etwa – könnte der gescheckte Kanin dank seiner extremen Putzigkeit die Schärfe aus der Situation nehmen. »Hoppla, wer kommt denn da?« tönt es aus des Delinquenten Mund, und das Eis ist gebrochen. Lustig stöbert der Inspektor mit dem Nager ein wenig in der Wohnung rum, und kleine Scherze über das Recht auf Unversehrtheit der Wohnung machen die Runde. Das nenne ich dann mal funktionierende Deeskalationspolitik.

WENN HERR SCHLUSCHE MIT DER STRASSENBAHN FUHR, BLICKTE ER GERN IN DIE ERSCHROCKENEN GESICHTER DER FAHRGÄSTE, DIE KEINE KARTE HATTEN.

MISTHAUFEN MIT MCM-LOGO

München

Als Heinrich die Ziege, seines Zeichens Welfenkönig von Peine-Salzgitter, mal 'ne richtige Stadt sehen wollte, gründete er München. Der sonst dort vegetierende Bajuware war anscheinend zum Münchengründen bisher zu blöd gewesen. Noch heute besteht die »Weltstadt mit Herz« aus zwei Bewohnergruppen: einerseits den zugereisten Kolonialherren, kurz Schickeria genannt, und aus dem bayrischen Bodensatz. Letztere nagen schon zum Frühstück an bleichen jungen Ratten herum, die sie »Weißwürschtl« nennen, und vertilgen dazu Unmengen einer bierhaltigen Schlempe aus großen Einmachgläsern. Menschen der nächsthöheren Evolutionsstufe werden von ihnen »Saupreißn« genannt, und sogar die Inkontinenzwindeln im Altersheim tragen noch das blauweiße Rautenmuster. Kurz gesagt: Es ist eine verflucht eingebildete Bande. Gott sei Dank sprechen sie kein Deutsch. Die Münchner Oberschicht ist nicht weniger blasiert. Die Hälfte von ihnen arbeitet als Promidarsteller, die andere Hälfte als dessen Friseur. Ich weiß nicht wirklich, was das Wort »angeschwult« bedeutet, es fällt mir aber als erstes ein, wenn ich an die Münchner Schickeria denke. Braungebratene Tagediebe und verlebte Blondinen schlürfen Schampus beim Friseur, so sieht der Alltag der Bussibären aus. Und wenn man ganz viel Glück hat, darf man in der 1300. Folge von Derrick hinten durch's Bild schleichen. Schickeria und Trachtenseppl leben in der Stadt nebeneinander her, nur einmal im Jahr trifft man sich auf der »Wiesn«, einem mehrtägigen Saufgelage, das weltweit seinesgleichen sucht. Nirgends sonst wird der Mensch so auf seine Grundbedürfnisse Saufen, Fressen, Kotzen und Grölen reduziert – und das zu überhöhten Preisen. Selbst bis ins ferne Nippon reicht die Kunde vom Münchner Oktoberfest und beschert der Stadt alljährlich einen Zustrom gelber Hobbyalkoholiker. Überhaupt gilt die Bayernmetropole dem Ausländer als Inbegriff deutscher Folklore. Was Wunder, hat doch hier schon der braune Atze mit den Hitlerchören das Horst-Wessel-Lied geschmettert und ein halbes Jahrhundert früher ein durchgeknallter König die Staatsfinanzen ruiniert – deutscher geht's nicht mehr. Der Münchner selbst versteht sich eher als Italiener im Lodengewand. Städtische Imagefuzzis versuchen seit Jahrzehnten, aus der »Stadt der Bewegung« einen Ort mediterraner Beschaulichkeit zu formen. Keine leichte Aufgabe in einem Provinznest, das um 22 Uhr die Biergärten verriegelt. Drum lebt der Schickeriamensch sowieso am Gardasee, und die blauweißen Dumpfbacken hauen sich am Vormittag schon das Dünnbier rein, um vor Ladenschluß noch breit zu werden. Über all dieser voralpinen Schwiemeligkeit regieren zwei mächtige Verbände, die CSU und Bayern München. Einer von beiden läßt zwei Dutzend Ausländer für sich Fußball spielen, der andere versucht die durchgeknallten Ideen des Papstes in Tagespolitik umzusetzen.

Bei allen Vorbehalten gegen dieses München muß man doch zugeben, daß es eine sehr schöne Stadt ist für Menschen, die auf die eine oder andere Weise mit dem Leben abgeschlossen haben.

FLÄCHENBRAND DER MAGENSCHLEIMHAUT

Weihnachtsmarkt

Die schönste Form Giftmüll und fauligen Abfall kostengünstig zu entsorgen ist und bleibt der Weihnachtsmarkt. Die zweibeinigen Endlagerstätten entrichten sogar noch einen strammen Obulus dafür, kontaminiert zu werden. Ein Heiermann wird fällig für den Nullzweier Humpen Pinselreiniger mit Schuß, unverschämt Glühwein geheißen. Ein rücksichtsloser Menschenschlag köchelt zur Weihnachtszeit in allen Innenstädten eine ekelerregende Pestilenzbrühe zusammen, um die Wehrkraft des mittleren Angestellten zu unterhöhlen. In ganzen Heerscharen treibt sich diese Spezies zur besten Bürozeit auf den Giftmärkten herum, um sich – solange es noch geht – ins Lohnfortzahlungs-Nirwana zu saufen. Wessen Gedärm nach Lumumba und Jagertee immer noch nicht Feurio schreit, der kann beizeiten 'ne Pappschale Festbrennstoffe hinterherwerfen. Sehr beliebt und recht typisch für die traditionelle deutsche Weihnacht ist die Chinapfanne: Rübenblatt und Schredderschwein angedickt mit Flüssigküken. Und noch 'nen Glühwein drauf, 98 Oktan in die Bahn. Da der weihnachtliche Mensch aber nicht nur frißt und säuft, gibt es auf den scharlachroten Schlachtfeldern auch noch was für's Herz. Der dolbyfreie Cassettenkoreaner verbreitet an jeder Schmurgelbude blödige Lametta-Beschallung, und an der Ecke hockt ein tapferes Männlein, das die Zimbel reibt oder sich mit Jingle Bells den Arsch zugeigt. Richtig rührend wird's aber erst, wenn der Gute Zweck den Zeigefinger hebt. Einmal Ponyreiten für Obdachlose, einmal was Nettes aus Wäscheklammern von unseren Freunden aus der Strafanstalt. Dazwischen stinkende, schreibunte Kerzen, die nur aus der Kreativschmiede eines Wahnsinnigen stammen können. Aber jetzt erstmal 'n Glühwein. Mit Schuß? Oder nehmen wir mal 'n Schneegestöber? Was'n das? Heißer Korn mit ausgeflocktem Hüttenkäse. Jedes Jahr was Neues, um die Widerstandskraft der Mägen zu brechen. Schon sind drei Viertel der Bevölkerung vollkommen immun gegen Glühwein – eine beängstigende Entwicklung. Wovon wollen diese Menschen fürderhin über die Blautanne reihern? Wäre da nicht die Phantasie der weihnachtlichen Mirakulixe, deutsche Menschen müßten sich unbekotzt von den Weihnachtsmärkten schleichen. Gott sei Dank: Noch ist es nicht soweit, noch werden in den Glühwein-Labors immer neue Rezepturen entwickelt, die aus einem an sich schon billigen Heißfusel einen noch billigeren Sickersaft für die Adventsdeponie erschaffen. Keiner würde seinem Auto je als Kraftstoff vorzusetzen wagen, was er ohne Bedenken seiner eigenen Maschine antut. Doch merke: Solange es in Deutschland noch Menschen gibt, die Glühwein trinken und davon nicht auf der Stelle tot umfallen, müssen wir vor Aids und BSE keine Angst haben.

Jesuswettbewerb in Niedersachsen. Bernd aus Wechold steht seit 28 Tagen auf dem Dach und hofft auf den Eintrag ins Guinness-Buch der Rekorde.

WIR MACHEN DIES' JAHR NIX

Heiligabend

Wir machen dies' Jahr nichts«, lautet der verlogenste Satz der Vorweihnachtszeit. Gemeint ist damit die gegenseitige Verzichtserklärung auf Überreichung von Müllerwartungskrempel am Heiligabend. Wie in Folge aller Abrüstungsgespräche wird aber heimlich doch weitergerüstet. In froher Erwartung leerer Hände bei den anderen Familieninsassen kauft die dumme Sau »nur 'ne Kleinigkeit« für jeden, um ihn zu demütigen. Die weihnachtliche Vendetta unter Blutsverwandten ist besonders beim schrillen Geschlecht sehr beliebt. »Ich weiß, wir haben gesagt, wir machen nix«, beginnt ganz harmlos die Ehrabschneidung unterm Tannenbaum, »aber so ohne alles, das war mir dann doch zu blöd«. Und schon zückt das Weib ein halbes Dutzend bunter Päckchen aus dem Sack. Der Mann, gewohnt sich an Absprachen zu halten, steht da wie ein knickriges Arschloch. »Nur 'ne Kleinigkeit« entpuppt sich beim Enthäuten der wertigen Weihnachtshülle als perlmuttbeschlagenes Peniküre-Set für untenrum und seidiges Schlüpferensemble von Calvin Klein. Sofort schrumpft dem Geschenkopfer das Skrotum vor Scham. »Sieh mal, du Dreck«, wollen ihm die intimen Pretiosen sagen, »ich bin so mördergroßzügig, daß ich dir trotz andersartiger Absprache einfach was schenken mußte. – So doll lieb ich dich. Und wenn du nicht so ein tumber Klotz wärst, dann hätten wir womöglich nächtens noch gepoppt, doch nun ist die Stimmung zum Deubel.« Im Anschluß der moralischen Vorteilnahme durch absprachewidrige

Geschenke wird gern auch noch mal nachgetreten: »Is nich so schlimm, daß du nichts für mich hast, es hätte mich eben nur gefreut.« Viele Methoden gibt es, das Weihnachtsfest zum sozialen Krisenherd auszubauen: Einladung debilen Schwieger- und Schwagergerümpels, Zubereitung oberschlesischer Heimatspeisen oder die Inaugenscheinnahme plärrender Pubertätshorden im Fernsehgerät. Die klassische Festgestaltung ist mithin: Bei Breslauer Teckelwurst mit Wampakitt sitzt die Familie nebst Schwiegernazi am Ferni und beobachtet, wie eine Bad Tölzer Boygroup das geschlüpfte Balg in Bethlehem bejault. Um das Grauen noch zu toppen, bietet sich danach der Überraschungsangriff mit dem Calvin-Klein-Schlüpfer an. Noch ehe sich der Ehebulle in die geistigen Glühweinabsentien verabschieden kann, wird ihm das Päckchen vor den Latz geknallt. Die beabsichtigte Schmach wurde weiter oben bereits beschrieben. Doch wehe dem Weib, das einen ausgeschlafenen Gatten sein eigen nennt. Statt in Scham und Reue im Boden zu versinken bei Entgegennahme des Designer-Eierbeutels, holt der gewiefte Kenner weibischer Unzuverlässigkeit das Vergeltungsgeschenk aus dem Versteck: Zwei Meter Weißgoldkette mit herausgeflextem Eduscho-Zeichen. Hahahaha. Es welkt der Triumph des Weibs in Sekundenschnelle. Sieger beim Wettlauf der überreichten Demütigungen bleibt der Gatte. Und die Frau ist's auch zufrieden, wähnt sie sich doch im Besitz massiven Goldes. Und wenn die mit Edelmetall geköderte Libido nicht noch im Verlauf der Stunden im Glühwein ersäuft, ja, vielleicht wird dann am Heiligabend noch gepoppt.

AN KALTEN TAGEN TRUG HERR SCHLUSCHE IN SEINER WOHNUNG DIE UNIFORM SEINER KINDERTAGE: BRAUNER ELCH AUF WEISSEM GRUND.

UNGEZIEFER DES VERSANDHANDELS

Styroporflocken

Würde Pandora heute ihre Büchse ausschütten, kämen keine Geschwüre und Ekzeme, sondern Styroporflocken heraus. Diese neue Geißel der Menschheit treibt mittlerweile auf dem entlegensten Seitenarm des Amazonas und entspringt jeder zweiten Paketsendung, die uns der wortkarge braune Mann von UPS ins Haus bringt. Und sogar als Nahrungsersatz mit Hühnerfutteraroma aufgemotzt, hat die Verpackungsflocke die Foyers der Lichtspieltheater erobert. Kein Ort dieser Welt ist mehr sicher vor der omnipräsenten Blähchemikalie. Wann endlich werden auch unsere abgenippelten Altvorderen zugeflockt im Eichensarge ruhen? Doch schon als Lebender traut man sich kaum noch per Versandhaus seine Konsumgelüste zu befriedigen, weiß man doch, daß nicht nur der gewünschte Massagestab geliefert wird, sondern obendrein und unbestellt ein Doppelzentner Styroporflocken. Kaum ist der Karton geöffnet, verteilt sich der leichtfüßige Sondermüll in alle Ecken der Wohnung. Nur eines kleinen Windzugs bedarf es, und die Flocke hat instinktsicher *die* Ecken der Behausung ausgemacht, die nur alle Jubeljahre den Kehrbesen sehen. Wird nach etlichen Mietergenerationen endlich mal die grindige Schlingenware entsorgt, auch dann werden die Nachfahren einsame Styroporflocken aus dem warzigen Teppichboden puhlen. Man traut sich schon gar nicht mehr, per Versand noch den harmlosesten Artikel zu ordern. Eher noch liefert man sich den Capos der Ladengeschäfte aus, als einen weiteren Angriff der Killerflocken zu gegenwärtigen. Die letzten flockenfreien Bestellartikel sind nur noch Pizza und Prostituierte. Obwohl es einen auch schon nicht mehr wunderte, wenn das Höschen der Bringdienstdirne etwas ausflockt beim Abstreifen. Was hat den kleinen Bruder des Montageschaums zu diesem ungeheuren Siegeszug verholfen? Es ist die Ideologie der Standardisierung um jeden Preis. Zum Verschicken gibt's nur noch zwei Paketgrößen: Buch oder Waschmaschine. Überzählige Rauminhalte werden notfalls mittels Flocke ausgesteift. Doch wo die eigenwilligen Styroporzecken hernach ihren Aufenthaltsort finden, ist der Versenderkrampe piepegal. So trudeln sie durch unsere Wohnungen, verfusseln sich beim sonntäglichen Gattenritt in der frischgefönten Schambehaarung, um schließlich als unser Geschenk an die Welt mit den Flüssen auf die Meere hinauszutreiben. Und wenn Onkel Willi dereinst seine Mastwampe an den Gestaden von Bora Bora grillt, blickt er plötzlich amüsiert in die schwappende Südsee: »Guck ma, Mamma, die eine Styroporflocke da, die aussieht wie mein linkes Ei, war die nich in dem Paket vom Tina-Versand im letzten Jahr?« Ist nicht unwahrscheinlich!

AUSGELAGERTES SEKUNDÄRBEDÜRFNIS

Nächstenliebe

Als der Nazarener das Theorem von der Nächstenliebe ersann, dachte er sicher nicht daran, die Nachbarin zu poppen. Dennoch lohnt es sich, einen Moment bei diesem verlockenden Gedanken zu verweilen. All das, was den landestypischen Beziehungsalltag in eine erotische Ödnis verwandelt, entfällt beim GV über die Wohnungsgrenze hinaus: Qua definitionem unterhält man mit Frau Nachbar keinen gemeinsamen Haushalt, diesen ewigen Quell kleinkarierter Sticheleien, man teilt sich nicht die Aufzucht einer undankbaren Brut und muß auch nicht die Abende mit ihr vor der Braunschen Röhre verplempern. Kurz und gut: all das, was die gelebte Erotik des Beziehungsdaseins in einen zwar handwerklich sauber ausgeführten, aber dennoch unbefriedigenden Event auspimpeln läßt, all das kommt nicht zum Tragen. Sollte es sich bei dem Gatten besagter Sexanrainerin auch noch um einen jähzornigen Baggerführer handeln, na prima, da hätten wir dann auch noch 'ne Prise brutaler Gewalt im Programm. Im Zuge drohenden Auftauchens des Tiefbaugorillas verbietet sich die langwierige Anwendung von Rotwein- und Bolerogeschwiemel nur zu selbstverständlich. Da heißt es zur Sache kommen, bevor der zementverkrustete Polyphem die Szene betritt. Dieses Gratisprickeln läßt auch über den leicht angegriffenen Phänotyp der Sexgehilfin hinwegsehen. Logischerweise kommt beim wohnungsübergreifenden Verkehr die zugemüffelte Ehesasse nicht in Frage. Dieses Mahnmal nichtgelebter Erotik würde noch den aufgegeiltesten Pavianhäuptling das Skrotum veröden. Da Eile geboten, stellen sich den GV-Leistungswilligen allerhand Möbelstücke zum Vollzuge dar. Das Beistelltischchen von Tante Irmgard – längst überfällig – kann en passant sperrmüllbereit genagelt werden, die labile Wandgarderobe »Trollhättan« fällt dem wüsten Anlehnsex zum Opfer, der beknackte Duschvorhang mit den Segelohrelefanten, den die blöden Kinder so lustig fanden – zappzerapp in Fetzen gepoppt! So dient der außerhäusige Geschlechtsverkehr nicht nur dem drüsischen Wohlbefinden, sondern bereinigt auch noch die zugemüllte Wohnungseinrichtung. Ist dann orgasmusmäßig Ende im Gelände kann der geordnete Rückzuck angetreten werden. Sollte unvermutet der Zementmorlock auf den Plan treten, entfällt sogar die verlogende Abschiedsfloskel »Wir telefonieren, hähä«. Doch auch ohne Auftauchen der gewaltbereiten Unterschicht kann der Rückzug kommentarlos angetreten werden. Kein theoretisches Nachbereiten der abgelieferten Leistungen, kein sinnentleertes Après-Gekuschel. Tür zu, auf Wiedersehen. Andere Tür auf, Glotze an: Dirty Harry mit Clint Eastwood. Und während man noch im bläulichen Schein des Machokrimis die vergangene Viertelstunde geistig nachbereitet, ist die eigene Frau eine Tür weiter beim Dachdeckermeister unter Beschlag. So witzig kann Ehe sein, wenn eine Prise Nächstenliebe dabei ist.

Außentoilette im englischen Landhausstil, wc-design Hamburg 13 500 DM (Bezugsquellenhinweis auf Seite 132).

KATHEDRALE DES URINS

Herrentoilette im Hauptbahnhof Hannover

Wenn der Reisende aus Seelze oder Peine kommend zum ersten Mal mit dem Hauptbahnhof hannoverschen Boden betritt, umweht ihn sofort der verruchte Brodem der Metropole. »Hier«, denkt er, »hat Fritze Haarmann sein Mittagessen angesprochen.« HAM HAM dräut aus der finstersten Ecke des Gebäudes eine Reklametafel und gemahnt an den berühmten Anthropophagen von der Leine. Durchmißt der Reisende die große Wandelhalle unter den Gleisen, stößt er immer wieder auf Schächte, die den Blick freigeben in die Unterwelt des Bahnhofs. Drunten in der Passarelle wimmeln die lichtscheuen Morlocks hin und her, verkaufen Käseecken oder Heroin – je nach Tageszeit. Eine Etage höher atmet der riesige Schlund Menschen ein und aus: Pendler aus dem Deister stolpern schlaftrunken ihren 610-Mark-Jobs entgegen, Fahrschüler schubsen sich zum Ausgang. Dazwischen immer wieder Braunschweiger, Kalmücken, finster dreinblickende Leute aus der Börde und bepackte Mütterchen aus den südlichen Mittelgebirgen. Der Hauptbahnhof Hannover verwirbelt sie alle zu einem bunten Völkergemisch. Hier, so erscheint es dem staunenden Reisenden, ist der westliche Endpunkt der Transsibirischen Eisenbahn. Bestärkt wird er in dieser Auffassung, wenn er männlich ist und ihn eine volle Blase peinigt. Vergeblich sucht der Blick nach den mittlerweile DB-üblichen »Reisefrischcentern« und bleibt schließlich haften an der guten alten Vignette, die den Mann mit den gespreizten Beinen zeigt.

Hier in Hannover arbeitet eine der letzten großen Herrentoiletten dieser Republik. Da gibt es keine Schranke, die den Notdürftigen mit der fiebrigen Suche nach einem 50-Pfennig Stück belästigt, da steht – wie es sich gehört – ein Porzellanteller auf einem wackligen Stuhl. Das Herzstück der Anlage ist eine Krypta, die allein dem Urin geweiht ist. Er bestimmt die Kopfnote des Geruchs, unterfüttert lediglich von einer olfaktorischen Basis hellgrüner Chemiedüfte. Schreitet der Urineur dann zum Eigentlichen, erwartet ihn eine Wand weißer Porzellanmenhire, die in nüchterner Strenge von einer längst versunkenen Kultur dort aufgestellt wurden. Da behindert keine verschämte Sichtblende den Blick auf's schründige Genital des Nachbarn. Wer hier blankzieht, kann nichts verbergen. Da wird auch nicht in stetem Drang nach fortschreitender Individualisierung unserer Gesellschaft in solipsistische Becken gepinkelt, nix da: alle strullen in dieselbe Rinne. Hier gilt der König nicht mehr als der Bettler. Und alle, die da ihr Wasser abschlagen, tun dies in dem Gefühl, an einem gemeinsamen Projekt beteiligt zu sein. Facharbeiter oder Bankier, Arbeitsloser oder Punk, ihrer aller Harn vereinigt sich am Boden zum großen gelben Fluß, zum Jangtse Kiang, der die weiße Halle im Norden durchströmt. Für rückwärtige Bedürfnisse stehen im selben Raum zahllose Einzelkabinen bereit. Hier kann der müde Wanderer einen Moment von der Hast der Metropole ausspannen. Den Zugang zu den Séparées regelt auch hier keine kalte Automatik, sondern auf Anfrage schließt der Wärter eine der Zellen auf. Gegen ein geringes Entgelt erhält man von ihm auch Handtuch und Seife und wird in den Gebrauch des Waschbeckens eingewiesen. Es ist vor allem dieses Fachpersonal, das den Zauber der ganzen Anlage ausmacht: hutzelige Männer in den besten Jahren, die vor nichts Angst haben, hauptsächlich nicht vorm Lungenkrebs. Sie sitzen da und rauchen und husten und rauchen. Bisweilen öffnen sie eine Zelle oder feudeln durch's Revier, doch dann sitzen sie wieder da und rauchen und husten und rauchen. Manchmal stellt sich auch Besuch ein: andere rauchende Männer, die in der Eingangsschleuse des Sanktuariums Bierdosen ausschlabbern. Praktischerweise ist der Toilettenanlage ein Kiosk angegliedert, der die wichtigen Dinge des Lebens an Ort und Stelle feilbietet. Doch irgendwann ist die vollste Blase leer und der Reisende muß den verzauberten Ort zurücklassen. Voller Wehmut blickt er auf die rauchenden Männer und denkt, wie lange uns dieser Ort wohl noch erhalten bleibt. Schon bald wird hier wie in anderen Städten auch eine antiseptische Edelstahlorgie ein Stück Notdurfterlebnis hinweggefegt haben. Schade!

EIGENSTÄNDIGE KUNSTFORM DER BEKLOPPTEN

Rückfragen

Der Mensch, sofern der Sprache mächtig, nutzt diese am liebsten da, wo sie fehl am Platze. Allgegenwärtiges Gelulle und Gelaber aus dem Heldenleben des Fernsehzuschauers ist uns längst zur Gewohnheit geworden. Schwuppdiwupp wird da das Ohr auf Durchzug geschaltet und vom Kleinhirn der Kopfnick-Automatismus in Gang gesetzt. Während das Gefasel also nun ungehört in die Atmosphäre sintert, kann das glasig ins Nichts reinhorchende Gegenüber seinen feuchten Tagträumereien nachhängen. Die Kommunikationskrampe hat neben dem sinnentleerten Geblubber allerdings noch einen schärferen Pfeil im Köcher: die Rückfrage. Sie verlangt vom Opfer mehr als nur Gewackel mit dem Schädel. Hier werden Antworten eingeklagt. Was um so schwieriger ist, als die Rückfrage natürlich scheißendämlich daherkommt. Auf die Bitte etwa, die Tür zu schließen, folgt nicht selten der Klassiker der Gagakommunikation: »Welche Tür«? Ja, welche Tür? Die Himmelstür? Das Tor zur Hölle? Oder vielleicht nur die, die du gerade hinter dir hast offen stehenlassen, du doofes Schwein. Die Rückfrage als eigenständige Kunstform des Bekloppten erreicht ihren Höhepunkt in brenzligen Situationen. – Das gute alte Bügeleisen hat im Laufe des Plättvorgangs eigene Vorstellungen von der Stromführung entwickelt und den stählernen Griff mit der Netzspannung versorgt. Verzweifelt am geladenen Eisen klebend, brüllt der Verbraucher: »Schnell, den Stecker, den Stecker rausziehen.«

»Welchen Stecker?« ist das letzte, was er auf dieser Welt noch vernimmt. Die Rückfrage als Landplage wäre nicht so bedrohlich, hätte sie sich nicht auch längst der modernen Kommunikationswege bedient. Ein Anruf beim Klempner: »Mein Wasserhahn tropft, können Sie bitte vorbeikommen.« »Ja, ist gut, übermorgen 10 Uhr.« Am genannten Tag steht selbstredend nicht der Kloakenkollege vor der Tür, sondern um 11 klingelt das Telefon: »Guten Tag, da war bei Ihnen was mit dem Wasserhahn und irgendwelchen Tropfen, was war das nochmal genau?« Ja, in welchem geheimnisvollen Zusammenhang könnten Wasserhähne und Tropfen wohl stehen?
Der Rückfragenterrorist nimmt nichts einfach so hin, kein Zusammenhang ist ihm schlichtweg evident. Überall wittert er das letzte Geheimnis. Er ist der Philosoph unter den Bescheuerten. Bis ins Erwachsenenleben hat er sich das kindliche Staunen über das Funktionieren der Welt bewahrt. Der einzige Trost für uns Geschädigte ist: Wer die Rückfrage sät, wird durch sie umkommen. »Paß auf, da vorne fehlt der Gullideckel!«
Was für ein Gullide ...?«

„MIR GEHT'S HEUTE AUCH NICHT BESONDERS", SAGTE HERR SCHLUSCHE ZU DEM ZERTRETENEN KÄFER.

LEITFADEN ZUM GLÜCKLICHSEIN

1. Stell Dir vor, Du bist hier nur zu Besuch und kannst jederzeit abhauen.
2. Paß auf, daß immer genug Nudeln und Knoblauch im Hause sind.
3. Betrachte das andere Geschlecht als liebenswerte Vettern, die irgendwo einen entscheidenden Schritt bei der Menschwerdung versäumt haben.
4. Kauf Dir niemals ein braunes Auto.
5. Urteile nicht vorschnell über den Alkohol, er ist bisweilen recht lecker.
6. Versuche nicht andere Menschen zu verändern, das ist noch schwieriger als die desmodromische Ventilsteuerung beim Viertaktmotor einzustellen – vergiß es.
7. Versuche auch gar nicht erst, sie zu verstehen. Bei den meisten besteht nämlich keine Verbindung zwischen Sprachzentrum und restlichem Gehirn.
8. Kauf Dir einen Hund, wenn Du Dir in Deiner Wohnung keine Scheiße anhören willst – ansonsten: nimm es einfach hin.
9. Finde Deinen Seelenfrieden. – Okay, das ist leicht gesagt, aber mehr kann man dazu auch nicht sagen.
10. Bienenstich zum Beispiel schmeckt astrein, und man saut sich beim Essen so schön zu.
11. Sei immer höflich und pünktlich. Egal was andere sagen oder tun – Du hast recht.
12. Mach einen großen Bogen um angelehnte Leitern – drunterhergehen bringt Unglück.

auf Tonträger

AUSWAHL

Verchromte Eier 2

Hier nun endlich der zweite Teil der Auseinandersetzung mit dem Phänomen des Motorradfahrens als Witz. Hier wird keiner verschont, der schon mal das kalte Eisen einer motorisierten Eierfeile zwischen seinen Beinen spürte.

Best.-Nr. 481152...15,50 €

DOPPEL-CD: Arschkrampen – is mir schlecht – The Drecks Generation

Live aus Berlin: Die neuesten Absonderungen des legendären Comedy-Duos **Die Arschkrampen**. Diese CDs sollten Sie vor Ihren Kindern resp. Eltern verstecken.

Best.-Nr. 481153...15,50 €

DOPPEL-CD: Frieda sei mit Euch – aber auch Anneliese

Kompletter Mitschnitt des Theaterstücks. Ein hintersinniger und komischer Dreiakter aus dem Wiehengebirge mit den beiden legendären alten Damen des Frühstyxradios.

Best.-Nr. 481155...17,50 €

Alle CDs, T-Shirts und weitere Fanartikel sowie der kostenlose Gesamtkatalog sind zu bestellen bei:

FSR Mailorder
Postfach 51 03 43
13363 Berlin

Telefon: 0180-531 53 11
non-stop 24 Stunden
(Kernzeit 10.00 bis 17.00 Uhr, ansonsten Anrufbeantworter)

Fax: 0180-530 53 00
non-stop 24 Stunden

Internet:
www.fruehstyxradio.de

Besuchen Sie uns im Internet:
www.ullstein-Taschenbuch.de

Ullstein Verlag
Ullstein ist ein Verlag der Ullstein Buchverlage GmbH.
Ullstein Heyne List GmbH & Co. KG.
Originalausgabe
3. Auflage 2004

Umschlaggestaltung: Tandem Design, Hamburg
Foto: Andreas Münchbach
Alle Fotos im Textteil/Privatarchiv Dietmar Wischmeyer
Alle Zeichnungen von Dietmar Wischmeyer
Redaktion: Nora Köhler
c/o FSR Unterhaltungsbüro GmbH, Hannover
Satz, Lithos und Layout: LVD GmbH, Berlin
Druck und Bindearbeiten: Clausen & Bosse, Leck
Printed in Germany
ISBN 3-548-36210-9